U0598080

本书得到2015年度北京师范大学自主科研基金“中央高校基本科研业务费专项资金资助”项目(SKZZY2015023)的资助。

Study on the Equalization Effect of Tax-sharing Fiscal System

分税制政策运行的均等化效应研究

张海燕 著

中国财经出版传媒集团

经济科学出版社
Economic Science Press

天之道，损有余而补不足。

——老子·《道德经》

序

今年初春的一天，张海燕老师敲开了我的办公室，送来了她的新作《分税制政策运行的均等化效应检验》，并请我为其撰写序言。张海燕老师是我们学院的青年教师，长期关注我国财政体制的变迁，特别是对中央政府与地方政府之间财政关系有着深入的研究。面对张老师的请求，我满口答应下来，有那么一点"无知者无畏"的劲头。从当时的动机来说，全然没有想要充当财政问题研究专家的考虑，只是想到借写序之机，认真拜读一下她的研究成果。对于我国财政体制问题，我虽然没有做持续研究，但也一直在关注这方面的相关研究成果。在 20 世纪 90 年代初期，我有机会去牛津大学做合作研究，曾与约翰·奈特（John Knight）教授一同研究过中国分税制之前的财政包干体制的效率和分配效应问题，写了两篇论文①。我后来更多关注的是财政体制和税收制度对收入分配的影响，对地区发展差异的影响，对城乡公共服务差别的影响。因此，拿到张海燕老师送来的这份研究成果，心中不免有些窃喜。在这里借作序之名，想谈谈自己的一点读后感。

20 世纪 80 年代我国的财政关系，特别是中央政府与地方政府的财政关系处于比较微妙的时期。地方扩权以后，地方政府对财力的要求增加，需要从中央分权，要求更大的财政控制权，出现了地方政府财政收入不断增加，而中央政府财政收入比重下降的情况。到了 90 年代，这种情况引起了中央政府的担忧，因为如果没有财政上的主导权就意味着弱化政治上的领导权。因此，1994 年的分税制改革，其目的是要提高财政收入的比重，同时要提高中央财政收入的比重。在这样一个指导原则下的分税制改革进一步划分了中央政府和地方政府的财税关系。实际上，在重新划分税收关

① 《中国财政分权体制的激励和再分配效应》载于《经济研究》1996 年第 5 期；"Fiscal Decentralization, Redistribution and Reform in China", *Oxford Development Studies*, Vol. 27, No. 1, 1999.

系上，中央政府与地方政府经历了艰苦的谈判过程。当时正是朱镕基任主管财政改革的常务副总理，作为新中国成立后最具有铁腕手段的国务院领导人，在推行分税制改革过程中也要煞费苦心，耐下性子与地方大员讨价还价①。当然，后来之所以能够成功，一是与朱镕基的个人魄力不无关系，更重要的也是与地方政府的任职特点有关系。众所周知，中国的地方官员都有任期制，省级官员的任职年限一般不会超过10年，因而都缺少长期行为，只是考虑到任期内的事情是再正常不过的。在与中央政府谈判时，地方政府主要领导往往只是关注他任期内地方政府的财政状况，至少不会由于分税制改革导致其任职期内财力水平下降。正是针对地方官员的这一行为特点，中央政府为了保证改革后地方政府短期的财政收入和支出水平不下降，因而将改革的重点放在财政收入的增量分配上。这也是该项成果中多次提出的"中央集中增量"这一概念的历史背景。

在分税制改革后的近20年中，我国政府税收的快速增加趋势表明了当初的改革目标已经基本实现。一些相关的统计指标表明，与1994年相比，2011年我国财政收入占GDP的比重从11.2%上升到24.7%。这还不包括政府的其他非财政收入，因为政府总收入，即财政的和非财政的，预算的和非预算的，其规模远大于其财政收入。同时，中央政府的财政收入占全国财政收入的比重也从1993年的22%提高到2011年的50%。这是从收入结构上看发生的变化，从支出结构上看，也有新的变化。首先，中央政府支出占全国财政支出的比重从1994年的30%下降到2010年的18%，这意味着地方财政支出的增加幅度超过了中央财政支出，也意味着中央财政对地方财政的转移支付力度的不断加强。

面对这些新变化，我们需要借助于更多的数据和分析结果，加以理解及解释。在看到题目后，两个问题即刻出现在我头脑中。第一，在转移支付之前和之后，中央财政转移支付对缩小地区之间财政支出差异发挥了多大作用？对于缩小东西部地区之间财政支出差异、缩小西部地区内部不同省份之间财政支出差异发挥了什么作用？第二，中央财政收入增加的本意

---

① 据当时任财政部副部长的项怀诚回忆说，"负责财税改革工作的常务副总理朱镕基同志亲自带队，用了两个多月的时间，带领相关部门的同志，先后走了13个省，面对面地算账，深入细致地做思想工作。每次去都是专机，一般是五六十人，最多的一次80多人。……每次随行都不轻松，经常加班加点，有的时候通宵达旦，车轮大战。事后镕基同志曾经半开玩笑地说过，自己那段日子是东奔西走，南征北战，苦口婆心，有时忍气吞声，有时软硬兼施。"参见"项怀诚：亲历1994年分税制改革"，http：//www.chinaacc.com/new/253/260/2008/8/xu7673723315288002511-0.htm。

之一是为了提高中央财政的转移支付，特别是对落后地区的财政转移，然而转移支付的程度需要做进一步分析。获得转移支付收益最多的是哪些省份？它们虽然都是分布在西部地区，但由于西部地区省份之间存在着巨大的差异，有些是少数民族地区，有些是老革命根据地地区，在转移支付的政策上存在区别对待的问题，其结果是即使都是西部省份，有的获得转移支付多一些，有的省份获得少一些。

这些问题也是我一直思考的问题，当我看到张海燕老师的这本著作时，特别希望从中读出一些答案来，获得一些启发。这本书又在多大程度上回答了上面的问题呢？看完后我认为本书对这两个问题给出了很好的答案。对于第一个问题，本书计算了从1994年至2009年期间历年的不同省份之间人均财政支出的差异指数，如基尼系数、变异系数。根据报告计算的结果，在这一期间，地区间人均财政支出的基尼系数从0.258下降到0.198，变异系数从0.781下降到0.544，其下降幅度比较明显。这意味着地区间财政支出差异出现了缩小或者收敛的趋势。当然，这样一个趋势既有中央财政转移支付的效应，也有地区间财政收入增长差异带来的影响。对此，本书做了模拟分析，估算了在假定分税制改革不存在情况下地区间人均财政支出的差异程度。根据估算，在1994年至2009年期间，地区间人均财政支出差异的基尼系数从0.265上升到0.345，而且会在2004年达到最高水平，基尼系数为0.387。这意味着在体制不变的情况下，靠地方财政收入增长的作用，并不能缩小地区间财政支出的差距，而且只能带来差距的进一步扩大。这也意味着中央财政对地方财政的转移支付在缩小地区间财政支出的差距中起到了主导作用；而且，地区间财政收入再分配效应有着不断加强的趋势。根据测算，在1994年再分配效应使得地区间人均财政支出差异的基尼系数下降了2.8%，到2009年基尼系数的下降幅度为42.7%。当然这些只是一些模拟分析的结果，其中的一些假设条件会在不同程度上影响着估计结果。

对于第二个问题，本书也给出了一些有益的分析结果。从总量来看，1994~2009年期间，有的省份（计划单列市）是贡献地区（划给中央财政的收入大于从中央财政获得的转移支付收入），有的省份是受益地区（划给中央财政的收入小于从中央财政获得的转移支付收入）。前者都是经济发达地区，如广东、上海、江苏、浙江等；后者为经济欠发达地区，如贵州、西藏等。从受益地区的情况来看，各个地区的净收益（划给中央财政的收入－从中央财政获得转移支付收入）占其财政支出的比例，地区间的差异也是相当明显的。西藏的这一比例是最高的（78.5%），最低的是山西（6.2%）。对于几个做出贡献的地区来说，几个计划单列城市如宁波、深圳、厦门的净贡献率高达30%左右。从人均财政收入与支出的差额上看（或人均受益额），在受益地区中也存在着较大的差别。即使在经济发展程度相同的情况下，一些少数民族自治地区或少数民族人口较为集中的地区获得的财政转移支付要明显高于其他地区。当然，这是与国家的民族政策密切相关的。

本书的特色非常明显。首先，它提供了系统的统计资料，有些资料是公开发表的，有些资料是张海燕潜心获取的，这些资料相当珍贵，是研究财政问题的基础性数据，有重要的学术价值。其次，本书是长期研究积累的成果，虽然在分析结果的解释与挖掘上还有待于深入，但是很多计算结果是经过很长时间的积累得出的，凝结了作者的大量心血，值得我们看重和珍视。最后，书中的数据可靠性强。张海燕是我们北京师范大学经济与工商管理学院的青年教师，是一位对研究非常感兴趣，做学问执着专一，甘愿坐冷板凳，甘于寂寞，不求名利的学者，是我欣赏的青年教师。这也是我愿意为此书写序的主要原因之一。希望财经学界的同行对该书给予更多关注，也能分享我的心情，因为从中看到青年学者的专研成果，会感到欣慰。我虽然还没有步入老学者的行列，但是看待年轻学者的学术进取已经有了与老学者同样的心情，希望看到更多的青年学者的优秀成果，更希望能从中看到中国经济学不断进步的前景。

李 实

2017年2月

前言

分税制财政管理体制改革自1994年实施以来，已经运行了20余年，中间还经过了2002年所得税收入分享改革等调整。分税制财政管理体制成效主要体现在：规范政府间财政关系；促进产业结构的合理调整和资源的优化配置；规范税收征管秩序，促进依法治税；“两个比重”（全国财政收入占GDP比重、中央财政收入占全国财政收入比重）逐步上升；中央财力有所增强，地方财力增长较快，实现了中央与地方的“双赢”等方面。[①]其中，在中央财政逐步加大再分配力度，均衡地区间财力差异方面效果显著。据统计，1994～2005年，中央对地方转移支付总额增量为26288亿元。其中，东部2707亿元、中部11438亿元、西部12143亿元。扣除转移支付增量后，分税制改革11年来，中央从东部净集中12320亿元，对中西部地区分别净补助5490亿元和8105亿元。[②] 2009年地区间基尼系数为0.278，比1994年降低了近1/4。[③]

但是，从已有的数据中并不能直接找到分省的、历年中央财政集中增量、中央对其转移支付增量以及两者对比结果是净贡献还是净受益等情况。受此限制，在地区间人均财政支出差异的分析方面，也只能对人均财政支出差异情况做时间序列上的对比，得出1994年分税制财政管理体制改革以来，地区间人均财政支出差异总体上呈缩小趋势的概念。但是，地区间人均财政支出差异程度的缩小，可能既有分税制财政管理体制改革后，中央财政通过集中增量进行再分配的影响，也有东部地区经济发展先发优势渐弱，中西部地区经济发展速度加快，带动财政收入增幅高的影响。仅

① 财政部预算司：《中国政府间财政关系》，中国财政经济出版社，2003年版，第10～11页。

② 李萍：《中国政府间财政关系图解》，中国财政经济出版社2006年版，第37页。

③ 李萍：《财政体制简明图解》，中国财政经济出版社2010年版，第102页。

仅考察地区间人均财力差异程度的时间序列上的变化，并不能充分说明分税制财政管理体制在均衡地区间财力差异方面的效果。只有对比假设不实施分税制财政管理体制关于中央财政集中增量进行再分配的制度措施，与实施后地区间人均财政支出差异程度的变化，才能更充分地说明分税制财政管理体制在均衡地区间财力差异方面的效果。

为此，本书根据既有的公开数据，详细测算了1994~2009年分税制财政管理体制改革实施16年来，中央财政各年度从各地区集中了多少增量，对各地区转移支付增加了多少，并对其均衡地区间财力差异的效果进行了测算。主要有以下三部分：

第1篇为数据测算。1994年实施分税制财政管理体制以来，采取集中地方财政收入增量，通过转移支付进行地区间再分配。本篇相应分为两章，第1章测算中央集中增量，包括通过改革消费税、增值税（以下简称“两税”）分享办法集中两税增量，通过改革所得税收入分享办法集中所得税增量。第2章测算转移支付增量。集中增量形成中央财政收入后，中央财政用于对地方主要是中西部地区的转移支付，由地方财政安排使用，形成地方财政支出。1994年分税制财政管理体制改革以来，中央对地方转移支付不断增加。本章以1993年中央财政对各地区补助为基数，计算1994~2009年各年度各地区转移支付增量。

第2篇为数据分析。具体分析分税制财政管理体制均衡地区间财力的效果，由第3章和第4章构成。其中，第3章分析对比假定不实施分税制财政管理体制集中增量进行再分配的制度措施，与实施后各年度地区间人均财政支出差异情况的变化。第4章分析各地区1994~2009年究竟是净贡献了还是净受益了，数额是多少，贡献率、受益率有多高。

第3篇为总结。包括第5章，主要是总结分析结果，得出相应结论。

为便于分析利用，还将所有用到的基础数据作为附件附后。

测算体例

1. 计划单列市与所在省并列计算。原作为计划单列市、后取消计划单列的沈阳市、哈尔滨市、武汉市、西安市与所在省合并计算。1993～1996年重庆市为计划单列市，1997年起为直辖市，行政区划调整较大，未按调整后的行政区划调整1993～1996年数据。

2. 能够以万元为单位进行测算的以万元为单位进行测算，由于历年两税返还、所得税基数返还数据单位为百万元，在测算集中收入增量、转移支付增量时采用百万元单位。

3. 1994～2009年中央集中两税增量＝历年中央财政两税收入－历年两税返还－历年中央财政两税收入×1993年上划中央两税基数中中央财政基数所占比重

4. 2002～2009年中央集中所得税增量＝历年中央财政所得税收入－历年所得税基数返还－历年中央与地方所得税收入×2001年所得税基数中中央财政基数所占比重

5. 中央集中增量＝中央集中两税增量＋中央集中所得税增量

6. 1994～2009年中央转移支付增量＝历年中央对地方转移支付－1993年中央对地方补助

其中，1995～2009年中央对各地区转移支付＝历年中央对各地区补助总额－税收返还（包括两税返还、所得税基数返还、出口退税基数返还、成品油价格和税费改革税收返还）。由于没有1993年、1994年中央对各地区补助总额数据，1993年、1994年中央对各地区转移支付按1993年、1994年中央对地方转移支付总额及1995年各地区转移支付占当年中央对地方转移支付总额的比例推算。

7. 净受益(净贡献)＝中央转移支付增量－中央集中增量(正数为净受益,负数为净贡献)

8. 中央集中增量大于转移支付增量的净贡献地区贡献率＝净贡献额/地方财政总收入

9. 1994～2009年地方财政总收入=历年地方财政本级收入+税收返还+中央集中两税增量+中央集中所得税增量

11. 中央转移支付增量大于集中增量的净受益地区受益率=净受益额/地方财政本级支出

目　录

CONTENTS

第3篇 研究总结 / 83

第1篇

测算中央集中增量与转移支付增量

1994年实施分税制以来，采取的地区间财政资金再分配措施主要有两个方面：一是通过改革消费税、增值税分享办法，集中两税增量；通过改革所得税收入分享办法，集中所得税增量；二是集中增量形成中央财政收入后，主要用于对地方主要是中西部地区的转移支付，由地方财政安排使用，形成地方财政支出。

第 1 章

中央集中增量

分税制财政管理体制改革中央财政集中增量主要包括两部分，一是 1994 年分税制财政管理体制改革后集中消费税、增值税两税增量；二是 2002 年所得税收入分享改革后集中所得税增量。

1994 年分税制财政管理体制改革，将消费税作为中央固定收入，增值税中央分享 75%，地方分享 25%。同时，为了使财政体制改革顺利运行，分税制实行保证地方 1993 年既得利益的政策。实行按税种划分收入办法后，原属地方支柱财源的“两税”收入上划到中央，成为中央级收入，如果中央不采取相应补偿措施，必然影响地方的既得利益，为此，分税制体制制定了税收返还的办法。为了尽量减少对地方财力的影响，不仅税收返还基数全额返还地方，1994 年以后还要给予一定的增长。

2002 年实施所得税收入分享改革，将按企业隶属关系等划分中央与地方所得税收入的办法改为中央与地方按统一比例分享。2002 年所得税收入中央与地方各分享 50%；2003 年以后中央分享 60%，地方分享 40%。中央保证各地区 2001 年地方实际的所得税收入基数，实施增量分成。以 2001 年为基期，按改革方案确定的分享范围和比例计算，地方分享的所得税收入如果小于地方实际所得税收入，差额部分由中央作为基数返还地方；如果大于地方实际所得税收入，差额部分由地方作为基数上解中央。

1.1 测算方法概述

计算方式一：1994年分税制财政管理体制改革、2002年所得税收入分享改革所采取的都是在保证地方既得利益基础上，实施增量分成。在计算中央财政因改革增加的收入，可以按改革分享办法的收入增量与中央财政提高的分享比例来计算。

集中所得税增量可按以下公式计算：

2002~2009年各年度中央财政因改革所得税收入分享办法集中所得税增量=各年度所得税收入比2001年增量×中央财政所得税收入分享比例比不改革分享办法提高部分

由于中央对地方实行两税递增返还，在计算中央财政集中两税增量时还要扣除两税返还增量，即：

1994~2009年各年度中央财政因改革两税分享办法集中两税增量=各年度两税收入比1993年增量×中央财政两税收入分享比例比不改革分享办法提高部分-各年度两税返还比1993年两税返还基数的增量

计算方式二：为简化计算，还可以按以下公式计算：

2002~2009年各年度中央财政因改革所得税收入分享办法集中所得税增量=各年度中央分享所得税收入-中央对地方所得税基数返还-按2001年分享比例推算各年度原属中央所得税

1994~2009年各年度中央财政因改革两税分享办法集中两税增量=各年度中央两税收入-各年度中央对地方两税返还-按1993年分享比例推算原属中央两税

以上两种计算方式是一致的。

2002~2009年各年度中央财政因改革所得税收入分享办法集中所得税增量

=各年度中央分享所得税收入-中央对地方所得税基数返还-按2001年分享比例推算各年度原属中央所得税

=各年度所得税收入×改革后中央分享比例-中央对地方所得税基数返还-各年度所得税收入×改革前中央分享比例

=(2001年所得税收入+各年度所得税收入比2001年增量)×改革后中央分享比例-中央对地方所得税基数返还-(2001年所得税收入+各年度所得税收入比2001年增量)×改革前中央分享比例

=各年度所得税收入比2001年增量×(改革后中央分享比例－改革前中央分享比例)－2001年所得税收入×(改革后中央分享比例－改革前中央分享比例)－中央对地方所得税基数返还

由于中央对地方所得税基数返还就是按2001年基数测算，改革所得税收入分享办法后，中央财政比改革前多分享、需要返还地方的部分，因此，上式即为：

=各年度所得税收入比2001年增量×(改革后中央分享比例－改革前中央分享比例)

=各年度所得税收入比2001年增量×中央财政所得税收入分享比例比不改革分享办法提高部分

1994～2009年各年度中央财政因改革两税分享办法集中两税增量

=各年度中央两税收入－中央对地方两税返还－按1993年分享比例推算各年度原属中央两税

=各年度中央两税收入－各年度中央对地方两税返还－各年度中央两税×改革前中央两税基数中中央两税比例

=各年度中央两税收入×(1－改革前中央两税基数中中央两税比例)－各年度中央对地方两税返还

=(各年度中央两税收入－1993年中央两税基数)×(1－改革前中央两税基数中中央两税比例)+1993年中央两税基数×(1－改革前中央两税基数中中央两税比例)－各年度中央对地方两税返还

=(各年度中央两税收入－1993年中央两税基数)×(1－改革前中央两税基数中中央两税比例)－[各年度中央对地方两税返还－(1993年中央两税基数－1993年中央两税基数中中央两税比例)]

由于1993年中央两税基数，扣除其中原属中央两税，即为1993年两税返还基数，所以：

=(各年度中央两税收入－1993年中央两税基数)×(1－改革前中央两税基数中中央两税比例)－(各年度中央对地方两税返还－1993年两税返还基数)

=各年度两税收入比1993年增量×中央财政两税收入分享比例比不改革分享办法提高部分－各年度两税返还比1993年两税返还基数的增量

本书中集中增量计算采取第二种计算方法。如上所述，要计算中央财政因改革收入分享办法增加的收入，需要得知改革后中央分享收入、中央对地方税收返还及原属中央收入。由于改革收入分享办法后，原属中央收入已经不可得，采取用改革后收入总量及改革前收入基数中中央收入所占比重来推算的办法。

1.2 中央集中两税增量

1.2.1 中央集中两税增量计算公式

1994 年以来，中央财政每年按照分享 75% 的增值税和全部消费税的体制从各地区分享两税收入。按一般理解，1994 年及以后年度中央两税收入减去中央对地方两税返还即为中央集中两税增量。但是，中央财政两税收入中，有一部分是分税制财政管理体制改革前就属于中央财政，即在 1993 年两税基数中有一部分属于中央两税基数。只是为了计算方便，原来中央与地方实行固定比例分成的流转税收入和烟酒专项收入，采取先下划地方、再上划中央的办法。[①] 也就是说，假使不改变税收收入分享办法，仅实行税制改革，1994 年及以后年度中央财政也可按以前的分享办法获得一部分两税收入。因此，改革后中央集中两税增量应当扣除 1993 年中央两税基数中原属中央两税的增长所带来的两税增量。

据此，1994 ~ 2009 年每年中央财政集中两税增量应按以下公式计算：

中央集中两税增量 = 中央两税收入 - 原属中央两税 - 对地方两税返还

式中，中央两税收入、对地方两税返还可从现有统计资料中直接获得，原属中央两税则需要推算。1994 年分税制财政管理体制改革后，已不存在按原体制口径统计的中央财政两税收入，可以考虑用 1993 年地方上划中央两税基数中中央财政两税基数所占比重，与以后年度中央两税收入相乘，推算原属中央两税。

---

① 按通常的计算方法，1993 年中央两税返还基数 = 地方上划中央两税 - 中央下划地方两税 =（地方增值税的 75% 部分 + 地方消费税）- 中央增值税的 25% 部分。但是，由于 1993 年税制没有改革，为了便于计算，计算方法改为，1993 年中央两税返还基数 = 中央分享两税 - 下划中央全部两税 =（增值税 75% 部分 + 消费税）-（中央增值税 + 中央消费税）=（中央增值税 75% 部分 + 地方增值税 75% 部分 + 中央消费税 + 地方消费税）-（中央增值税 + 中央消费税）= 地方增值税 75% 部分 + 地方消费税 - 中央增值税 25% 部分。与按前述计算方法实质上是一样的。参见财政部地方司：《关于分税制税收返还基数计算口径及有关问题的说明》，载于《中国分税财政管理体制》，中国财政经济出版社 1998 年版。

1.2.2　1993年中央两税基数

1993年地方上划中央两税基数与1993年中央对地方两税返还基数之间的差额即是1993年原属中央财政两税基数。但是，现有统计资料中可以找得到1993年地方上划中央两税基数，但是找不到中央对地方两税返还基数，需要进一步推算。

1993年税收返还基数及以后年度税收返还数额的计算方法如下。[①] 以1993年为基期年，按新税制后地方净上划中央两税的收入数额，作为中央对地方的税收返还基数，基数部分全部返还地方。为了尽量减少对地方财力的影响，不仅税收返还基数全额返还地方，1994年以后还要给予一定的增长。增长办法是：从1994年开始，税收返还与消费税和增值税（75%）的增长率挂钩，每年递增返还。关于税收返还的递增率，《国务院关于实际分税制财政管理体制的决定》规定，按当年全国增值税和消费税平均增长率的1∶0.3系数确定。1994年8月，根据各方面的意见和要求，为了更充分地调动各地区组织中央收入的积极性，将税收返还的递增率改为按各地区分别缴入中央金库的“两税”增长率的1∶0.3系数确定，即各地区中央“两税”每增长1%，中央财政对该地区的税收返还增长0.3%。

据此，有以下公式：

$$\text{1994年两税返还} = \text{1993年两税返还基数} \times \left[1 + \left(1 + \frac{\text{1994年两税收入}}{\text{1993年两税基数}} - 1\right) \times 0.3\right]$$

式中，1993年两税基数、1994年两税收入、1994年两税返还从现有统计资料中可以直接获得。[②] 据此，可以得出：

$$\text{1993年两税返还基数} = \frac{\text{1994年两税返还}}{1 + \left(\frac{\text{1994年两税收入}}{\text{1993年两税基数}} - 1\right) \times 0.3}$$

按照上述公式，计算1993年各地区两税返还基数如表1－1所示。

---

① 财政部地方司：《中国分税制财政管理体制改革概述》，载于《中国分税制财政管理体制》，中国财政经济出版社1998年版。

② 1993年两税基数、1994年两税收入数据来源于张健：《1994～1995年上划中央两税收入增长情况》，载于《地方财政》1996年第6期；1994年两税返还来源于《地方财政统计资料》（1994）。

表 1－1　　1993 年各地区两税返还基数推算　　单位：万元

地区	1993 年两税基数	1994 年两税返还	1994 年两税收入	1993 年两税返还基数
合计	19010586	17989862	22642670	17020742
北京市	722226	664076	844907	631876
天津市	398419	423246	491821	395435
河北省	767402	717338	869964	689685
山西省	390880	362657	457446	345030
内蒙古自治区	295541	288436	318937	281745
辽宁省（不含单列市）	1067623	925672	1232541	884675
大连市	180800	194130	218075	182822
吉林省	414836	413585	490395	392157
黑龙江省	596203	494092	820349	444013
上海市	1406495	1442040	1758054	1341450
江苏省	1305954	1313050	1568915	1238251
浙江省（不含单列市）	821324	807383	906112	783129
宁波市	198371	175480	241214	164802
安徽省	462153	450974	552351	426030
福建省（不含单列市）	378243	394250	462955	369429
厦门市	102179	97335	115870	93574
江西省	343518	314934	393838	301677
山东省（不含单列市）	951482	751164	1146285	707697
青岛市	228552	231626	272942	218873
河南省	803196	735341	897042	710439
湖北省	694447	638156	721809	630701
湖南省	757776	686583	875646	655973
广东省（不含单列市）	1321715	1342985	1747845	1224545
深圳市	114424	192083	164195	169911
广西壮族自治区	480070	466349	496665	461562
海南省	60959	58160	65494	56890
重庆市	222114	227332	259932	216284
四川省	803161	751173	897488	725607
贵州省	342972	317735	374122	309307
云南省	1388955	1182351	1820681	1081503
西藏自治区	2598	4876	4876	3861

续表

地区	1993 年两税基数	1994 年两税返还	1994 年两税收入	1993 年两税返还基数
陕西省	358261	340532	407412	327070
甘肃省	296816	315234	335731	303304
青海省	64671	63009	81825	58365
宁夏回族自治区	62587	55701	72905	53076
新疆维吾尔自治区	203663	150794	256031	139995

注："1993 年两税基数""1994 年两税收入"来源于张健：《1994～1995 年上划中央两税收入增长情况》，载于《地方财政》1996 年第 6 期；1994 年两税返还来源于《地方财政统计资料》(1994)。

据此计算 1993 年地方上划中央两税基数中原属中央财政两税基数比重，如表 1－2 所示。

表 1－2　1993 年两税基数中中央财政两税基数所占比重推算　单位：万元

地区	1993 年两税基数	1993 年两税返还基数	1993 年两税基数中中央两税基数	中央两税基数占两税基数比重(%)
北京市	722226	631876	90350	12.5
天津市	398419	395435	2984	0.7
河北省	767402	689685	77717	10.1
山西省	390880	345030	45850	11.7
内蒙古自治区	295541	281745	13796	4.7
辽宁省（不含单列市）	1067623	884675	182948	17.1
大连市	180800	182822		
吉林省	414836	392157	22679	5.5
黑龙江省	596203	444013	152190	25.5
上海市	1406495	1341450	65045	4.6
江苏省	1305954	1238251	67703	5.2
浙江省（不含单列市）	821324	783129	38195	4.7
宁波市	198371	164802	33569	16.9
安徽省	462153	426030	36123	7.8
福建省（不含单列市）	378243	369429	8814	2.3
厦门市	102179	93574	8605	8.4
江西省	343518	301677	41841	12.2
山东省（不含单列市）	951482	707697	243785	25.6
青岛市	228552	218873	9679	4.2

续表

地区	1993 年两税基数	1993 年两税返还基数	1993 年两税基数中中央两税基数	中央两税基数占两税基数比重(%)
河南省	803196	710439	92757	11.5
湖北省	694447	630701	63746	9.2
湖南省	757776	655973	101803	13.4
广东省（不含单列市）	1321715	1224545	97170	7.4
深圳市	114424	169911		
广西壮族自治区	480070	461562	18508	3.9
海南省	60959	56890	4069	6.7
重庆市	222114	216284	5830	2.6
四川省	803161	725607	77554	9.7
贵州省	342972	309307	33665	9.8
云南省	1388955	1081503	307452	22.1
西藏自治区	2598	3861		
陕西省	358261	327070	31191	8.7
甘肃省	296816	303304		
青海省	64671	58365	6306	9.8
宁夏回族自治区	62587	53076	9511	15.2
新疆维吾尔自治区	203663	139995	63668	31.3

注：大连市、深圳市、西藏自治区、甘肃省所推算两税返还基数大于两税基数，两税基数中中央财政两税基数按零计算。

按照以下公式计算 1994 ~ 2008 年中央集中两税增量。

中央集中两税增量 = 中央两税收入 – 原属中央两税 – 对地方两税返还
= 中央两税 – (中央两税 × 1993 年两税基数中中央两税基数所占比重) – 对地方两税返还

计算结果如表 1 – 3 至表 1 – 20 所示。

表 1－3　　1994 年中央集中两税增量测算　　单位：亿元

地区	中央两税收入	减：		中央集中两税增量
		原属中央两税	两税返还	
合计	2264.24	248.23	1798.99	217.02
北京市	84.49	10.56	66.41	7.52
天津市	49.18	0.34	42.32	6.52
河北省	87.00	8.79	71.73	6.48
山西省	45.74	5.35	36.27	4.12
内蒙古自治区	31.89	1.50	28.84	1.55
辽宁省（不含单列市）	123.25	21.08	92.57	9.60
大连市	21.81	0.00	19.41	2.40
吉林省	49.04	2.70	41.36	4.98
黑龙江省	82.03	20.92	49.41	11.70
上海市	175.81	8.09	144.20	23.52
江苏省	156.89	8.16	131.31	17.42
浙江省（不含单列市）	90.61	4.26	80.74	5.61
宁波市	24.12	4.08	17.55	2.49
安徽省	55.24	4.31	45.10	5.83
福建省（不含单列市）	46.30	1.06	39.43	5.81
厦门市	11.59	0.97	9.73	0.89
江西省	39.38	4.80	31.49	3.09
山东省（不含单列市）	114.63	29.35	75.12	10.16
青岛市	27.29	1.15	23.16	2.98
河南省	89.70	10.32	73.53	5.85
湖北省	72.18	6.64	63.82	1.72
湖南省	87.56	11.73	68.66	7.17
广东省（不含单列市）	174.78	12.93	134.30	27.55
深圳市	16.42	0.00	19.21	－2.79
广西壮族自治区	49.67	1.94	46.63	1.10
海南省	6.55	0.44	5.82	0.29
重庆市	25.99	0.68	22.73	2.58
四川省	89.75	8.71	75.12	5.92
贵州省	37.41	3.67	31.77	1.97
云南省	182.07	40.24	118.24	23.59
西藏自治区	0.49	0.00	0.49	0.00
陕西省	40.74	3.54	34.05	3.15
甘肃省	33.57	0.00	31.52	2.05
青海省	8.18	0.80	6.30	1.08
宁夏回族自治区	7.29	1.11	5.57	0.61
新疆维吾尔自治区	25.60	8.01	15.08	2.51

注：（1）“中央两税收入”数据来源于张健，《1994～1995 年上划中央两税收入增长情况》，载于《地方财政》1996 年第 6 期。（2）“两税返还”数据来源于《地方财政统计资料》（1994）。（3）“原属中央两税”根据中央两税收入与 1993 年两税基数中中央两税基数所占比重计算。

表1-4 1995年中央集中两税增量测算 单位：亿元

地区	中央两税收入	减：原属中央两税	减：两税返还	中央集中两税增量
合计	2524.94	275.72	1867.27	381.95
北京市	95.67	11.96	69.44	14.27
天津市	58.58	0.41	44.84	13.33
河北省	94.34	9.53	73.82	10.99
山西省	57.18	6.69	39.05	11.44
内蒙古自治区	32.70	1.54	29.06	2.10
辽宁省（不含单列市）	124.02	21.21	93.00	9.81
大连市	25.37	0.00	20.52	4.85
吉林省	54.33	2.99	42.81	8.53
黑龙江省	102.68	26.18	53.29	23.21
上海市	195.67	9.00	149.82	36.85
江苏省	177.86	9.25	136.95	31.66
浙江省（不含单列市）	103.82	4.88	84.48	14.46
宁波市	27.99	4.73	18.43	4.83
安徽省	63.25	4.93	47.06	11.26
福建省（不含单列市）	54.31	1.25	41.54	11.52
厦门市	12.90	1.08	10.06	1.76
江西省	41.40	5.05	31.98	4.37
山东省（不含单列市）	131.19	33.58	78.58	19.03
青岛市	30.96	1.30	24.10	5.56
河南省	101.55	11.68	76.61	13.26
湖北省	80.88	7.44	66.29	7.15
湖南省	95.88	12.85	70.64	12.39
广东省（不含单列市）	203.12	15.03	141.10	46.99
深圳市	21.90	0.00	21.22	0.68
广西壮族自治区	54.08	2.11	47.88	4.09
海南省	6.71	0.45	5.86	0.40
重庆市	28.64	0.74	23.50	4.40
四川省	95.05	9.22	76.57	9.26
贵州省	39.49	3.87	32.39	3.23
云南省	186.91	41.31	119.33	26.27
西藏自治区	0.82	0.00	0.82	0.00
陕西省	43.95	3.82	34.88	5.25
甘肃省	34.49	0.00	33.25	1.24
青海省	8.48	0.83	6.37	1.28
宁夏回族自治区	8.18	1.24	5.77	1.17
新疆维吾尔自治区	30.59	9.57	15.96	5.06

注：（1）“中央两税收入”数据来源于张健，《1994~1995年上划中央两税收入增长情况》，载于《地方财政》1996年第6期。（2）“两税返还”数据来源于《地方财政统计资料》（1995）。（3）“原属中央两税”根据中央两税收入与1993年两税基数中中央两税基数所占比重计算。

表1-5　　1996年中央集中两税增量测算　　单位：亿元

地区	中央两税收入	减：		中央集中两税增量
		原属中央两税	两税返还	
合计	2881.82	313.07	1948.65	620.10
北京市	106.81	13.35	71.12	22.34
天津市	62.10	0.43	45.53	16.14
河北省	108.57	10.97	76.78	20.82
山西省	65.48	7.66	40.90	16.92
内蒙古自治区	34.26	1.61	29.98	2.67
辽宁省（不含单列市）	122.01	20.86	95.66	5.49
大连市	28.88	0.00	21.31	7.57
吉林省	62.79	3.45	44.52	14.82
黑龙江省	110.59	28.20	55.41	26.98
上海市	246.83	11.35	157.43	78.05
江苏省	217.39	11.30	143.30	62.79
浙江省（不含单列市）	123.95	5.83	88.15	29.97
宁波市	35.22	5.95	19.51	9.76
安徽省	76.56	5.97	50.60	19.99
福建省（不含单列市）	59.68	1.37	42.51	15.80
厦门市	15.90	1.34	10.61	3.95
江西省	43.63	5.32	33.20	5.11
山东省（不含单列市）	171.21	43.83	85.42	41.96
青岛市	36.28	1.52	25.27	9.49
河南省	116.36	13.38	80.30	22.68
湖北省	88.15	8.11	69.07	10.97
湖南省	98.45	13.19	73.05	12.21
广东省（不含单列市）	238.39	17.64	146.99	73.76
深圳市	28.70	0.00	22.76	5.94
广西壮族自治区	52.99	2.07	48.60	2.32
海南省	7.60	0.51	6.02	1.07
重庆市	29.51	0.77	23.71	5.03
四川省	104.29	10.12	79.78	14.39
贵州省	43.18	4.23	33.74	5.21
云南省	201.97	44.64	122.26	35.07
西藏自治区	1.03	0.00	1.03	0.00
陕西省	50.27	4.37	36.23	9.67
甘肃省	37.94	0.00	36.09	1.85
青海省	8.30	0.81	6.29	1.20
宁夏回族自治区	10.22	1.55	6.11	2.56
新疆维吾尔自治区	36.33	11.37	19.41	5.55

注：（1）“中央两税收入”数据来源于钟砚，《1996年地方上划中央两税完成情况》，载于《地方财政》1997年第3期。（2）“两税返还”数据来源于《地方财政统计资料》（1996）。（3）“原属中央两税”根据中央两税收入与1993年两税基数中中央两税基数所占比重计算。

表1－6　　1997年中央集中两税增量测算　　单位：亿元

地区	中央两税收入	减：原属中央两税	减：两税返还	中央集中两税增量
合计	3187.93	346.91	2011.64	829.38
北京市	113.43	14.18	73.55	25.70
天津市	63.13	0.44	45.55	17.14
河北省	122.05	12.33	79.88	29.84
山西省	71.18	8.33	41.88	20.97
内蒙古自治区	38.18	1.79	30.50	5.89
辽宁省（不含单列市）	138.05	23.61	96.10	18.34
大连市	33.68	0.00	21.59	12.09
吉林省	68.92	3.79	46.17	18.96
黑龙江省	126.64	32.29	56.89	37.46
上海市	251.70	11.58	161.97	78.15
江苏省	239.96	12.48	150.58	76.90
浙江省（不含单列市）	137.68	6.47	92.22	38.99
宁波市	37.49	6.34	20.27	10.88
安徽省	90.38	7.05	52.78	30.55
福建省（不含单列市）	65.53	1.51	43.73	20.29
厦门市	17.84	1.50	11.09	5.25
江西省	44.33	5.41	32.72	6.20
山东省（不含单列市）	190.22	48.70	88.67	52.85
青岛市	40.11	1.68	26.44	11.99
河南省	130.97	15.06	82.63	33.28
湖北省	106.40	9.79	72.28	24.33
湖南省	117.80	15.79	75.32	26.69
广东省（不含单列市）	260.50	19.28	151.76	89.46
深圳市	35.99	0.00	24.38	11.61
广西壮族自治区	61.07	2.38	49.71	8.98
海南省	8.27	0.55	6.19	1.53
重庆市	43.22	1.12	31.96	10.14
四川省	106.49	10.33	74.20	21.96
贵州省	49.13	4.81	34.81	9.51
云南省	214.38	47.38	124.50	42.50
西藏自治区	1.52	0.00	1.51	0.01
陕西省	56.19	4.89	37.63	13.67
甘肃省	42.41	0.00	38.91	3.50
青海省	8.93	0.88	6.47	1.58
宁夏回族自治区	11.05	1.68	6.35	3.02
新疆维吾尔自治区	43.11	13.49	20.45	9.17

注：(1)“中央两税收入”数据根据地方财政增值税和中央财政消费税收入计算，即中央财政增值税收入按地方财政增值税收入的3倍计算（中央分享75%，地方分享25%）(1998)，地方财政增值税收入数据来源于《地方财政统计资料》(1997)；中央财政消费税收入数据来源于《中国税务年鉴》(1998)。(2)“两税返还”数据来源于《地方财政统计资料》(1997)。(3)“原属中央两税”根据中央两税收入与1993年两税基数中中央两税基数所占比重计算。

表1-7　　1998年中央集中两税增量测算　　单位：亿元

地区	中央两税收入	减：		中央集中两税增量
		原属中央两税	两税返还	
合计	3559.72	385.81	2082.81	1091.10
北京市	127.49	15.94	76.39	35.16
天津市	71.15	0.50	47.11	23.54
河北省	135.10	13.65	82.60	38.85
山西省	77.98	9.12	43.04	25.82
内蒙古自治区	41.46	1.95	31.27	8.24
辽宁省（不含单列市）	144.58	24.72	97.41	22.45
大连市	37.97	0.00	22.68	15.29
吉林省	73.02	4.02	46.94	22.06
黑龙江省	135.45	34.54	58.03	42.88
上海市	285.99	13.16	168.64	104.19
江苏省	271.75	14.13	156.52	101.10
浙江省（不含单列市）	158.59	7.45	96.52	54.62
宁波市	45.23	7.64	21.47	16.12
安徽省	102.86	8.02	54.95	39.89
福建省（不含单列市）	73.65	1.69	45.63	26.33
厦门市	21.75	1.83	11.85	8.07
江西省	48.28	5.89	33.62	8.77
山东省（不含单列市）	219.87	56.29	92.74	70.84
青岛市	45.46	1.91	27.47	16.08
河南省	153.41	17.64	87.25	48.52
湖北省	115.28	10.61	74.12	30.55
湖南省	128.55	17.23	77.46	33.86
广东省（不含单列市）	289.78	21.44	157.50	110.84
深圳市	42.31	0.00	25.61	16.70
广西壮族自治区	65.20	2.54	50.86	11.80
海南省	8.86	0.59	6.34	1.93
重庆市	62.96	1.64	32.97	28.35
四川省	101.11	9.81	76.25	15.05
贵州省	57.36	5.62	36.53	15.21
云南省	242.04	53.49	129.30	59.25
西藏自治区	1.79	0.00	1.76	0.03
陕西省	63.58	5.53	39.16	18.89
甘肃省	42.59	0.00	38.93	3.66
青海省	8.74	0.86	6.45	1.43
宁夏回族自治区	12.13	1.84	6.54	3.75
新疆维吾尔自治区	46.40	14.52	20.90	10.98

注：(1)“中央两税收入”数据根据地方财政增值税和中央财政消费税收入计算，即中央财政增值税收入按地方财政增值税收入的3倍计算（中央分享75%，地方分享25%），地方财政增值税收入数据来源于《地方财政统计资料》(1998)；中央财政消费税收入数据来源于《中国税务年鉴》(1999)。(2)“两税返还”数据来源于《地方财政统计资料》(1998)。(3)“原属中央两税”根据中央两税收入与1993年两税基数中中央两税基数所占比重计算。

表 1－8　　1999 年中央集中两税增量测算　　单位：亿元

地区	中央两税收入	减：原属中央两税	减：两税返还	中央集中两税增量
合计	3771.21	405.82	2120.58	1244.81
北京市	135.09	16.89	77.74	40.46
天津市	76.88	0.54	48.27	28.07
河北省	144.00	14.54	84.21	45.25
山西省	72.24	8.45	42.09	21.70
内蒙古自治区	42.87	2.01	31.59	9.27
辽宁省（不含单列市）	146.18	25.00	97.69	23.49
大连市	40.24	0.00	23.40	16.84
吉林省	76.41	4.20	47.59	24.62
黑龙江省	138.55	35.33	58.42	44.80
上海市	312.32	14.37	173.16	124.79
江苏省	295.31	15.36	160.62	119.33
浙江省（不含单列市）	178.33	8.38	100.18	69.77
宁波市	53.45	9.03	22.64	21.78
安徽省	106.54	8.31	55.54	42.69
福建省（不含单列市）	79.06	1.82	46.72	30.52
厦门市	24.55	2.06	12.32	10.17
江西省	49.66	6.06	33.90	9.70
山东省（不含单列市）	234.35	59.99	94.57	79.79
青岛市	49.47	2.08	28.19	19.20
河南省	147.25	16.93	86.19	44.13
湖北省	120.35	11.07	75.08	34.20
湖南省	135.08	18.10	78.69	38.29
广东省（不含单列市）	319.59	23.65	162.61	133.33
深圳市	50.10	0.00	27.10	23.00
广西壮族自治区	66.83	2.61	51.25	12.97
海南省	9.36	0.63	6.50	2.23
重庆市	50.42	1.31	33.44	15.67
四川省	122.19	11.85	77.49	32.85
贵州省	59.27	5.81	36.91	16.55
云南省	252.67	55.84	131.00	65.83
西藏自治区	2.09	0.00	2.16	-0.07
陕西省	66.56	5.79	39.71	21.06
甘肃省	43.89	0.00	39.29	4.60
青海省	9.54	0.93	6.61	2.00
宁夏回族自治区	12.83	1.95	6.66	4.22
新疆维吾尔自治区	47.69	14.93	21.05	11.71

注：(1)“中央两税收入”数据根据地方财政增值税和中央财政消费税收入计算，即中央财政增值税收入按地方财政增值税收入的 3 倍计算（中央分享 75%，地方分享 25%），地方财政增值税收入数据来源于《地方财政统计资料》(1999)；中央财政消费税收入数据来源于《中国税务年鉴》(2000)。(2)“两税返还”数据来源于《地方财政统计资料》(1999)。(3)“原属中央两税”根据中央两税收入与 1993 年两税基数中中央两税基数所占比重计算。

表1-9　　2000年中央集中两税增量测算　　单位：亿元

地区	中央两税收入	减：原属中央两税	减：两税返还	中央集中两税增量
合计	4289.59	450.39	2206.55	1632.65
北京市	152.87	19.11	80.73	53.03
天津市	92.58	0.65	51.15	40.78
河北省	148.83	15.03	85.08	48.72
山西省	79.99	9.36	43.44	27.19
内蒙古自治区	44.91	2.11	32.04	10.76
辽宁省（不含单列市）	156.12	26.70	99.99	29.43
大连市	49.71	0.00	25.34	24.37
吉林省	80.34	4.42	48.30	27.62
黑龙江省	158.63	40.45	61.05	57.13
上海市	352.46	16.21	179.74	156.51
江苏省	363.17	18.88	171.77	172.52
浙江省（不含单列市）	236.97	11.14	110.05	115.78
宁波市	78.54	13.27	25.82	39.45
安徽省	109.83	8.57	56.05	45.21
福建省（不含单列市）	95.91	2.21	49.66	44.04
厦门市	39.99	3.36	14.64	21.99
江西省	60.01	7.32	36.00	16.69
山东省（不含单列市）	255.51	65.41	97.13	92.97
青岛市	53.71	2.26	28.91	22.54
河南省	158.11	18.18	88.11	51.82
湖北省	129.59	11.92	76.79	40.88
湖南省	144.11	19.31	80.26	44.54
广东省（不含单列市）	388.84	28.77	173.15	186.92
深圳市	72.87	0.00	30.94	41.93
广西壮族自治区	72.63	2.83	52.49	17.31
海南省	10.93	0.73	6.79	3.41
重庆市	58.75	1.53	35.11	22.11
四川省	132.95	12.90	79.54	40.51
贵州省	61.45	6.02	37.36	18.07
云南省	252.38	55.78	130.95	65.65
西藏自治区	2.37	0.00	2.35	0.02
陕西省	72.03	6.27	40.69	25.07
甘肃省	46.38	0.00	39.96	6.42
青海省	9.99	0.98	6.69	2.32
宁夏回族自治区	12.37	1.88	6.58	3.91
新疆维吾尔自治区	53.76	16.83	21.90	15.03

注：(1)“中央两税收入”数据根据地方财政增值税和中央财政消费税收入计算，即中央财政增值税收入按地方财政增值税收入的3倍计算（中央分享75%，地方分享25%），地方财政增值税收入数据来源于《地方财政统计资料》(2000)；中央财政消费税收入数据来源于《中国税务年鉴》(2001)。(2)“两税返还”数据来源于《地方财政统计资料》(2000)。(3)“原属中央两税”根据中央两税收入与1993年两税基数中中央两税基数所占比重计算。

表 1-10　　2001 年中央集中两税增量测算　　单位：亿元

地区	中央两税收入	减：原属中央两税	两税返还	中央集中两税增量
合计	4971.19	506.97	2308.87	2155.35
北京市	194.25	24.28	86.78	83.19
天津市	119.38	0.84	55.74	62.80
河北省	165.05	16.67	87.84	60.54
山西省	96.78	11.32	46.16	39.30
内蒙古自治区	50.38	2.37	33.21	14.80
辽宁省（不含单列市）	177.86	30.41	103.84	43.61
大连市	67.83	0.00	27.87	39.96
吉林省	97.25	5.35	51.38	40.52
黑龙江省	181.59	46.31	63.69	71.59
上海市	412.34	18.97	188.84	204.53
江苏省	444.60	23.12	183.21	238.27
浙江省（不含单列市）	263.94	12.41	113.78	137.75
宁波市	91.20	15.41	27.07	48.72
安徽省	117.37	9.15	57.21	51.01
福建省（不含单列市）	108.91	2.50	51.68	54.73
厦门市	45.42	3.82	15.25	26.35
江西省	68.19	8.32	37.44	22.43
山东省（不含单列市）	280.77	71.88	100.01	108.88
青岛市	65.92	2.77	30.88	32.27
河南省	169.35	19.48	89.97	59.90
湖北省	142.28	13.09	79.03	50.16
湖南省	156.30	20.94	82.17	53.19
广东省（不含单列市）	498.86	36.92	187.61	274.33
深圳市	98.51	0.00	34.36	64.15
广西壮族自治区	84.38	3.29	54.95	26.14
海南省	13.46	0.90	7.32	5.24
重庆市	69.77	1.81	37.08	30.88
四川省	144.54	14.02	81.61	48.91
贵州省	68.25	6.69	38.50	23.06
云南省	241.33	53.33	129.23	58.77
西藏自治区	2.55	0.00	2.53	0.02
陕西省	90.17	7.84	43.76	38.57
甘肃省	54.20	0.00	41.98	12.22
青海省	12.74	1.25	7.26	4.23
宁夏回族自治区	13.13	2.00	6.70	4.43
新疆维吾尔自治区	62.34	19.51	22.93	19.90

注：(1)“中央两税收入”数据根据地方财政增值税和中央财政消费税收入计算，即中央财政增值税收入按地方财政增值税收入的 3 倍计算（中央分享 75%，地方分享 25%），地方财政增值税收入数据来源于《地方财政统计资料》(2001)；中央财政消费税收入数据来源于《中国税务年鉴》(2002)。(2)“两税返还”数据来源于《地方财政统计资料》(2001)。(3)“原属中央两税”根据中央两税收入与 1993 年两税基数中中央两税基数所占比重计算。

表1-11　　2002年中央集中两税增量测算　　单位：亿元

地区	中央两税收入	减：		中央集中两税增量
		原属中央两税	两税返还	
合计	5714.63	573.87	2409.60	2731.16
北京市	217.95	27.24	89.96	100.75
天津市	136.24	0.95	57.58	77.71
河北省	189.18	19.11	91.70	78.37
山西省	119.92	14.03	49.47	56.42
内蒙古自治区	59.17	2.78	34.95	21.44
辽宁省（不含单列市）	199.94	34.19	107.85	57.90
大连市	67.94	0.00	27.69	40.25
吉林省	108.78	5.98	53.17	49.63
黑龙江省	194.59	49.62	65.06	79.91
上海市	509.16	23.42	201.83	283.91
江苏省	515.58	26.81	191.99	296.78
浙江省（不含单列市）	335.23	15.76	123.00	196.47
宁波市	114.39	19.33	29.14	65.92
安徽省	135.27	10.55	59.83	64.89
福建省（不含单列市）	126.66	2.91	54.29	69.46
厦门市	48.89	4.11	15.55	29.23
江西省	75.69	9.23	38.68	27.78
山东省（不含单列市）	313.11	80.16	103.47	129.48
青岛市	76.75	3.22	32.41	41.12
河南省	190.24	21.88	93.32	75.04
湖北省	154.57	14.22	81.09	59.26
湖南省	165.55	22.18	83.62	59.75
广东省（不含单列市）	563.83	41.72	194.87	327.24
深圳市	132.26	0.00	37.86	94.40
广西壮族自治区	92.79	3.62	56.60	32.57
海南省	15.31	1.03	7.60	6.68
重庆市	81.76	2.13	38.99	40.64
四川省	161.28	15.64	84.44	61.20
贵州省	76.24	7.47	39.85	28.92
云南省	259.26	57.30	132.11	69.85
西藏自治区	2.58	0.00	2.59	-0.01
陕西省	101.99	8.87	45.48	47.64
甘肃省	63.39	0.00	44.12	19.27
青海省	15.09	1.48	7.66	5.95
宁夏回族自治区	15.63	2.38	7.08	6.17
新疆维吾尔自治区	78.42	24.55	24.70	29.17

注：(1)“中央两税收入”数据根据地方财政增值税和中央财政消费税收入计算，即中央财政增值税收入按地方财政增值税收入的3倍计算（中央分享75%，地方分享25%），地方财政增值税收入数据来源于《地方财政统计资料》(2002)；中央财政消费税收入数据来源于《中国税务年鉴》(2003)。(2)“两税返还”数据来源于《地方财政统计资料》(2002)。(3)“原属中央两税”根据中央两税收入与1993年两税基数中中央两税基数所占比重计算。

表 1-12　　2003 年中央集中两税增量测算　　单位：亿元

地区	中央两税收入	减：		中央集中两税增量
		原属中央两税	两税返还	
合计	6654.64	656.74	2527.26	3470.64
北京市	247.90	30.99	93.68	123.23
天津市	164.52	1.15	60.73	102.64
河北省	231.09	23.34	97.79	109.96
山西省	160.47	18.77	54.49	87.21
内蒙古自治区	76.43	3.59	38.01	34.83
辽宁省（不含单列市）	230.45	39.41	112.78	78.26
大连市	76.84	0.00	28.80	48.04
吉林省	126.36	6.95	55.76	63.65
黑龙江省	205.68	52.45	66.17	87.06
上海市	633.25	29.13	216.21	387.91
江苏省	609.76	31.71	202.51	375.54
浙江省（不含单列市）	402.45	18.92	130.40	253.13
宁波市	135.48	22.90	30.74	81.84
安徽省	151.22	11.80	61.94	77.48
福建省（不含单列市）	143.27	3.30	56.43	83.54
厦门市	55.72	4.68	16.19	34.85
江西省	92.11	11.24	41.20	39.67
山东省（不含单列市）	354.39	90.72	107.66	156.01
青岛市	86.87	3.65	33.56	49.66
河南省	218.29	25.10	97.45	95.74
湖北省	174.95	16.10	84.29	74.56
湖南省	183.69	24.61	86.37	72.71
广东省（不含单列市）	634.51	46.95	202.09	385.47
深圳市	162.37	0.00	40.46	121.91
广西壮族自治区	102.66	4.00	58.40	40.26
海南省	23.25	1.56	8.78	12.91
重庆市	95.77	2.49	41.00	52.28
四川省	180.55	17.51	87.47	75.57
贵州省	89.41	8.76	41.80	38.85
云南省	281.10	62.12	135.44	83.54
西藏自治区	2.81	0.00	2.81	0.00
陕西省	120.15	10.45	47.91	61.79
甘肃省	76.42	0.00	46.84	29.58
青海省	17.24	1.69	7.99	7.56
宁夏回族自治区	17.76	2.70	7.37	7.69
新疆维吾尔自治区	89.45	28.00	25.74	35.71

注：(1)“中央两税收入”数据根据地方财政增值税和中央财政消费税收入计算，即中央财政增值税收入按地方财政增值税收入的3倍计算（中央分享75%，地方分享25%），地方财政增值税收入数据来源于《地方财政统计资料》(2003)；中央财政消费税收入数据来源于《中国税务年鉴》(2004)。(2)“两税返还”数据来源于《地方财政统计资料》(2003)。(3)“原属中央两税”根据中央两税收入与1993年两税基数中中央两税基数所占比重计算。

表 1－13　　2004 年中央集中两税增量测算　　单位：亿元

地区	中央两税收入	减：		中央集中两税增量
		原属中央两税	两税返还	
合计	8163.76	817.61	2711.49	4634.66
北京市	280.22	35.03	97.41	147.78
天津市	193.43	1.35	65.22	126.86
河北省	316.78	31.99	108.59	176.20
山西省	232.45	27.20	61.88	143.37
内蒙古自治区	108.95	5.12	42.84	60.99
辽宁省（不含单列市）	271.38	46.41	118.93	106.04
大连市	80.43	0.00	29.45	50.98
吉林省	154.06	8.47	59.45	86.14
黑龙江省	261.64	66.72	71.52	123.40
上海市	742.33	34.15	229.49	478.69
江苏省	777.97	40.45	220.18	517.34
浙江省（不含单列市）	451.46	21.22	135.71	294.53
宁波市	152.36	25.75	32.17	94.44
安徽省	190.74	14.88	66.75	109.11
福建省（不含单列市）	162.98	3.75	59.12	100.11
厦门市	66.43	5.58	17.68	43.17
江西省	110.94	13.53	43.74	53.67
山东省（不含单列市）	449.43	115.05	116.47	217.91
青岛市	93.33	3.92	34.41	55.00
河南省	267.80	30.80	104.09	132.91
湖北省	216.26	19.90	90.23	106.13
湖南省	245.27	32.87	94.93	117.47
广东省（不含单列市）	765.78	56.67	216.62	492.49
深圳市	197.07	0.00	45.22	151.85
广西壮族自治区	124.84	4.87	62.15	57.82
海南省	29.76	1.99	9.53	18.24
重庆市	113.69	2.96	43.31	67.42
四川省	213.06	20.67	92.19	100.20
贵州省	114.31	11.20	45.24	57.87
云南省	345.83	76.43	144.75	124.65
西藏自治区	3.35	0.00	3.34	0.01
陕西省	166.47	14.48	53.38	98.61
甘肃省	94.58	0.00	50.18	44.40
青海省	20.69	2.03	8.47	10.19
宁夏回族自治区	25.19	3.83	8.27	13.09
新疆维吾尔自治区	122.50	38.34	28.58	55.58

注：(1)“中央两税收入”数据根据地方财政增值税和中央财政消费税收入计算，即中央财政增值税收入按地方财政增值税收入的 3 倍计算（中央分享 75%，地方分享 25%），地方财政增值税收入数据来源于《地方财政统计资料》(2004)；中央财政消费税收入数据来源于《中国税务年鉴》(2005)。2004 年起实施出口退税负担机制改革，当年地方财政负担的部分直接冲抵地方财政收入中的增值税收入，自 2005 年起改为执行中全部从中央金库退库，地方负担部分年终结算时上解中央财政。为与前后年度可比，本表中 2004 年地方增值税未冲抵当年负担的出口退增值税。(2)“两税返还”数据来源于《地方财政统计资料》(2004)。(3)“原属中央两税”根据中央两税收入与 1993 年两税基数中中央两税基数所占比重计算。

表 1-14　　**2005 年中央集中两税增量测算**　　单位：亿元

地区	中央两税收入	减：		中央集中两税增量
		原属中央两税	两税返还	
合计	9618.76	967.10	2859.32	5792.34
北京市	327.55	40.94	102.33	184.28
天津市	237.49	1.66	69.99	165.84
河北省	399.01	40.30	117.05	241.66
山西省	316.10	36.98	68.56	210.56
内蒙古自治区	157.15	7.39	48.53	101.23
辽宁省（不含单列市）	319.44	54.62	125.25	139.57
大连市	87.13	0.00	30.27	56.86
吉林省	173.92	9.57	61.75	102.60
黑龙江省	288.99	73.69	73.76	141.54
上海市	824.26	37.92	236.68	549.66
江苏省	895.55	46.57	233.49	615.49
浙江省（不含单列市）	528.28	24.83	142.65	360.80
宁波市	175.66	29.69	33.69	112.28
安徽省	234.34	18.28	71.32	144.74
福建省（不含单列市）	188.16	4.33	61.86	121.97
厦门市	75.22	6.32	18.37	50.53
江西省	129.98	15.86	45.99	68.13
山东省（不含单列市）	559.77	143.30	125.05	291.42
青岛市	103.32	4.34	35.51	63.47
河南省	319.10	36.70	110.07	172.33
湖北省	267.30	24.59	96.62	146.09
湖南省	294.83	39.51	100.69	154.63
广东省（不含单列市）	878.75	65.03	226.40	587.32
深圳市	239.15	0.00	48.19	190.96
广西壮族自治区	142.71	5.57	64.83	72.31
海南省	35.15	2.36	10.04	22.75
重庆市	128.82	3.35	45.03	80.44
四川省	257.49	24.98	97.96	134.55
贵州省	140.97	13.82	48.52	78.63
云南省	370.79	81.94	147.89	140.96
西藏自治区	3.56	0.00	3.56	0.00
陕西省	207.48	18.05	57.33	132.10
甘肃省	103.83	0.00	51.65	52.18
青海省	24.81	2.43	8.97	13.41
宁夏回族自治区	31.10	4.73	8.86	17.51
新疆维吾尔自治区	151.60	47.45	30.61	73.54

注：(1)“中央两税收入”数据根据地方财政增值税和中央财政消费税收入计算，即中央财政增值税收入按地方财政增值税收入的 3 倍计算（中央分享 75%，地方分享 25%），地方财政增值税收入数据来源于《地方财政统计资料》(2005)；中央财政消费税收入数据来源于《中国税务年鉴》(2006)。(2)“两税返还”数据来源于《地方财政统计资料》(2005)。(3)“原属中央两税”根据中央两税收入与 1993 年两税基数中中央两税基数所占比重计算。

表1-15　　2006年中央集中两税增量测算　　单位：亿元

地区	中央两税收入	减：		中央集中两税增量
		原属中央两税	两税返还	
合计	11474.79	1154.96	3027.80	7292.03
北京市	394.28	49.29	108.64	236.35
天津市	285.87	2.00	75.87	208.00
河北省	462.93	46.76	122.69	293.48
山西省	365.15	42.72	71.75	250.68
内蒙古自治区	192.16	9.03	51.77	131.36
辽宁省（不含单列市）	361.52	61.82	130.20	169.50
大连市	96.15	0.00	31.77	64.38
吉林省	189.31	10.41	63.39	115.51
黑龙江省	344.04	87.73	77.97	178.34
上海市	965.23	44.40	250.78	670.05
江苏省	1103.03	57.36	249.72	795.95
浙江省（不含单列市）	638.31	30.00	151.57	456.74
宁波市	213.09	36.01	35.85	141.23
安徽省	274.42	21.40	74.98	178.04
福建省（不含单列市）	222.97	5.13	65.30	152.54
厦门市	91.63	7.70	19.61	64.32
江西省	157.56	19.22	48.91	89.43
山东省（不含单列市）	696.91	178.41	134.24	384.26
青岛市	123.75	5.20	37.63	80.92
河南省	382.38	43.97	116.62	221.79
湖北省	324.42	29.85	102.81	191.76
湖南省	341.05	45.70	105.43	189.92
广东省（不含单列市）	1051.20	77.79	240.10	733.31
深圳市	295.58	0.00	52.27	243.31
广西壮族自治区	168.90	6.59	68.40	93.91
海南省	39.19	2.63	10.31	26.25
重庆市	150.74	3.92	47.33	99.49
四川省	306.44	29.72	103.55	173.17
贵州省	166.63	16.33	51.24	99.06
云南省	422.41	93.35	154.07	174.99
西藏自治区	4.52	0.00	4.68	-0.16
陕西省	263.98	22.97	62.01	179.00
甘肃省	122.92	0.00	54.50	68.42
青海省	31.29	3.07	9.68	18.54
宁夏回族自治区	36.60	5.56	9.33	21.71
新疆维吾尔自治区	188.23	58.92	32.83	96.48

注：(1)“中央两税收入”数据根据地方财政增值税和中央财政消费税收入计算，即中央财政增值税收入按地方财政增值税收入的3倍计算（中央分享75%，地方分享25%），地方财政增值税收入数据来源于《地方财政统计资料》(2006)；中央财政消费税收入数据来源于《中国税务年鉴》(2007)。(2)“两税返还”数据来源于《地方财政统计资料》(2006)。(3)“原属中央两税”根据中央两税收入与1993年两税基数中中央两税基数所占比重计算。

表 1-16　　2007 年中央集中两税增量测算　　单位：亿元

地区	中央两税收入	减：原属中央两税	减：两税返还	中央集中两税增量
合计	13809.71	1378.67	3214.71	9216.33
北京市	451.55	56.44	113.38	281.73
天津市	333.83	2.34	79.69	251.80
河北省	551.73	55.72	129.75	366.26
山西省	448.47	52.47	76.66	319.34
内蒙古自治区	254.03	11.94	56.77	185.32
辽宁省（不含单列市）	430.87	73.68	137.69	219.50
大连市	110.26	0.00	33.16	77.10
吉林省	232.85	12.81	67.76	152.28
黑龙江省	356.02	90.79	78.79	186.44
上海市	1121.38	51.58	262.93	806.87
江苏省	1377.74	71.64	268.38	1037.72
浙江省（不含单列市）	767.79	36.09	160.79	570.91
宁波市	270.30	45.68	38.74	185.88
安徽省	324.48	25.31	79.08	220.09
福建省（不含单列市）	272.05	6.26	69.61	196.18
厦门市	110.32	9.27	20.81	80.24
江西省	196.41	23.96	52.53	119.92
山东省（不含单列市）	827.40	211.81	141.78	473.81
青岛市	148.88	6.25	39.92	102.71
河南省	468.42	53.87	124.49	290.06
湖北省	390.24	35.90	109.07	245.27
湖南省	415.19	55.64	112.30	247.25
广东省（不含单列市）	1281.32	94.82	255.86	930.64
深圳市	344.33	0.00	54.85	289.48
广西壮族自治区	211.53	8.25	73.58	129.70
海南省	55.38	3.71	11.69	39.98
重庆市	188.34	4.90	50.87	132.57
四川省	367.73	35.67	109.76	222.30
贵州省	194.85	19.10	53.84	121.91
云南省	511.14	112.96	163.77	234.41
西藏自治区	6.26	0.00	6.26	0.00
陕西省	321.41	27.96	66.06	227.39
甘肃省	154.77	0.00	58.74	96.03
青海省	39.61	3.88	10.45	25.28
宁夏回族自治区	46.16	7.02	10.06	29.08
新疆维吾尔自治区	226.67	70.95	34.84	120.88

注：（1）“中央两税收入”数据根据地方财政增值税和中央财政消费税收入计算，即中央财政增值税收入按地方财政增值税收入的 3 倍计算（中央分享 75%，地方分享 25%），地方财政增值税收入数据来源于《地方财政统计资料》（2007）；中央财政消费税收入数据来源于《中国税务年鉴》（2008）。（2）“两税返还”数据来源于《地方财政统计资料》（2007）。（3）“原属中央两税”根据中央两税收入与 1993 年两税基数中中央两税基数所占比重计算。

表1－17 **2008年中央集中两税增量测算** 单位：亿元

地区	中央两税收入	减：		中央集中两税增量
		原属中央两税	两税返还	
合计	16065.75	1612.04	3371.97	11081.74
北京市	526.18	65.77	119.00	341.41
天津市	384.34	2.69	83.31	298.34
河北省	648.11	65.46	136.56	446.09
山西省	603.38	70.60	84.60	448.18
内蒙古自治区	332.35	15.62	62.02	254.71
辽宁省（不含单列市）	488.63	83.56	143.23	261.84
大连市	129.22	0.00	34.87	94.35
吉林省	294.61	16.20	73.15	205.26
黑龙江省	428.07	109.16	83.57	235.34
上海市	1210.92	55.70	269.26	885.96
江苏省	1622.38	84.36	282.68	1255.34
浙江省（不含单列市）	883.60	41.53	168.07	674.00
宁波市	295.00	49.86	39.80	205.34
安徽省	375.36	29.28	82.80	263.28
福建省（不含单列市）	309.42	7.12	72.48	229.82
厦门市	130.41	10.95	21.95	97.51
江西省	233.50	28.49	55.51	149.50
山东省（不含单列市）	943.57	241.55	147.76	554.26
青岛市	171.54	7.20	41.75	122.59
河南省	549.40	63.18	130.95	355.27
湖北省	453.07	41.68	114.34	297.05
湖南省	470.79	63.09	116.81	290.89
广东省（不含单列市）	1464.35	108.36	266.82	1089.17
深圳市	400.26	0.00	57.52	342.74
广西壮族自治区	239.82	9.35	76.53	153.94
海南省	58.22	3.90	11.87	42.45
重庆市	222.79	5.79	53.67	163.33
四川省	423.02	41.03	114.71	267.28
贵州省	231.99	22.74	56.92	152.33
云南省	612.03	135.26	173.47	303.30
西藏自治区	8.24	0.00	8.24	0.00
陕西省	390.23	33.95	70.31	285.97
甘肃省	154.47	0.00	58.71	95.76
青海省	45.07	4.42	10.88	29.77
宁夏回族自治区	59.26	9.01	10.91	39.34
新疆维吾尔自治区	272.15	85.18	36.94	150.03

注：(1)“中央两税收入”数据根据地方财政增值税和中央财政消费税收入计算，即中央财政增值税收入按地方财政增值税收入的3倍计算（中央分享75%，地方分享25%），地方财政增值税收入数据来源于《中国财政年鉴》(2009)；中央财政消费税收入数据来源于《中国税务年鉴》(2009)。(2)“两税返还”数据来源于《地方财政运行》(2008)。(3)“原属中央两税”根据中央两税收入与1993年两税基数中中央两税基数所占比重计算。

表1－18　**2009年中央集中两税增量测算**　单位：亿元

地区	中央两税收入	减：原属中央两税	减：两税返还	中央集中两税增量
合计	18456.98	1816.17	3422.62	13218.19
北京市	656.07	82.01	124.29	449.77
天津市	395.97	2.77	81.28	311.92
河北省	709.67	71.68	136.21	501.78
山西省	546.68	63.96	82.22	400.50
内蒙古自治区	368.53	17.32	63.50	287.71
辽宁省（不含单列市）	609.09	104.15	140.65	364.29
大连市	247.84	0.00	35.91	211.93
吉林省	347.59	19.12	74.21	254.26
黑龙江省	451.98	115.25	79.66	257.07
上海市	1460.52	67.18	280.81	1112.53
江苏省	1842.95	95.83	289.18	1457.94
浙江省（不含单列市）	970.12	45.60	172.79	751.73
宁波市	401.33	67.82	40.13	293.38
安徽省	448.07	34.95	86.20	326.92
福建省（不含单列市）	361.76	8.32	73.99	279.45
厦门市	144.31	12.12	22.65	109.54
江西省	273.60	33.38	56.74	183.48
山东省（不含单列市）	1004.86	257.24	146.53	601.09
青岛市	247.08	10.38	43.49	193.21
河南省	567.23	65.23	129.56	372.44
湖北省	544.91	50.13	117.95	376.83
湖南省	535.69	71.78	119.45	344.46
广东省（不含单列市）	1682.24	124.49	270.45	1287.30
深圳市	450.68	0.00	59.69	390.99
广西壮族自治区	259.75	10.13	77.61	172.01
海南省	105.75	7.09	11.90	86.76
重庆市	247.05	6.42	55.41	185.22
四川省	480.33	46.59	118.78	314.96
贵州省	255.42	25.03	58.65	171.74
云南省	656.12	145.00	177.22	333.90
西藏自治区	8.95	0.00	8.95	0.00
陕西省	505.39	43.97	71.20	390.22
甘肃省	243.73	0.00	59.32	184.41
青海省	53.32	5.23	11.11	36.98
宁夏回族自治区	65.58	9.97	10.69	44.92
新疆维吾尔自治区	306.82	96.03	34.24	176.55

注：（1）"中央两税收入"数据根据地方财政增值税和中央财政消费税收入计算，即中央财政增值税收入按地方财政增值税收入的3倍计算（中央分享75%，地方分享25%），地方财政增值税收入数据来源于《中国财政年鉴》（2010）；中央财政消费税收入数据来源于《中国税务年鉴》（2010）。（2）"两税返还"数据来源于《地方财政运行》（2009）。（3）"原属中央两税"根据中央两税收入与1993年两税基数中中央两税基数所占比重计算。

表 1－19　　1994～2001 年中央财政从各地区集中两税增量情况　　单位：亿元

地区	1994 年	1995 年	1996 年	1997 年	1998 年	1999 年	2000 年	2001 年
合计	217.02	381.95	620.10	829.38	1091.10	1244.81	1632.65	2155.35
北京市	7.52	14.27	22.34	25.70	35.16	40.46	53.03	83.19
天津市	6.52	13.33	16.14	17.14	23.54	28.07	40.78	62.80
河北省	6.48	10.99	20.82	29.84	38.85	45.25	48.72	60.54
山西省	4.12	11.44	16.92	20.97	25.82	21.70	27.19	39.30
内蒙古自治区	1.55	2.10	2.67	5.89	8.24	9.27	10.76	14.80
辽宁省（不含单列市）	9.60	9.81	5.49	18.34	22.45	23.49	29.43	43.61
大连市	2.40	4.85	7.57	12.09	15.29	16.84	24.37	39.96
吉林省	4.98	8.53	14.82	18.96	22.06	24.62	27.62	40.52
黑龙江省	11.70	23.21	26.98	37.46	42.88	44.80	57.13	71.59
上海市	23.52	36.85	78.05	78.15	104.19	124.79	156.51	204.53
江苏省	17.42	31.66	62.79	76.90	101.10	119.33	172.52	238.27
浙江省（不含单列市）	5.61	14.46	29.97	38.99	54.62	69.77	115.78	137.75
宁波市	2.49	4.83	9.76	10.88	16.12	21.78	39.45	48.72
安徽省	5.83	11.26	19.99	30.55	39.89	42.69	45.21	51.01
福建省（不含单列市）	5.81	11.52	15.80	20.29	26.33	30.52	44.04	54.73
厦门市	0.89	1.76	3.95	5.25	8.07	10.17	21.99	26.35
江西省	3.09	4.37	5.11	6.20	8.77	9.70	16.69	22.43
山东省（不含单列市）	10.16	19.03	41.96	52.85	70.84	79.79	92.97	108.88
青岛市	2.98	5.56	9.49	11.99	16.08	19.20	22.54	32.27
河南省	5.85	13.26	22.68	33.28	48.52	44.13	51.82	59.90
湖北省	1.72	7.15	10.97	24.33	30.55	34.20	40.88	50.16
湖南省	7.17	12.39	12.21	26.69	33.86	38.29	44.54	53.19
广东省（不含单列市）	27.55	46.99	73.76	89.46	110.84	133.33	186.92	274.33
深圳市	-2.79	0.68	5.94	11.61	16.70	23.00	41.93	64.15
广西壮族自治区	1.10	4.09	2.32	8.98	11.80	12.97	17.31	26.14
海南省	0.29	0.40	1.07	1.53	1.93	2.23	3.41	5.24
重庆市	2.58	4.40	5.03	10.14	28.35	15.67	22.11	30.88
四川省	5.92	9.26	14.39	21.96	15.05	32.85	40.51	48.91
贵州省	1.97	3.23	5.21	9.51	15.21	16.55	18.07	23.06
云南省	23.59	26.27	35.07	42.50	59.25	65.83	65.65	58.77
西藏自治区	0.00	0.00	0.00	0.01	0.03	-0.07	0.02	0.02
陕西省	3.15	5.25	9.67	13.67	18.89	21.06	25.07	38.57
甘肃省	2.05	1.24	1.85	3.50	3.66	4.60	6.42	12.22
青海省	1.08	1.28	1.20	1.58	1.43	2.00	2.32	4.23
宁夏回族自治区	0.61	1.17	2.56	3.02	3.75	4.22	3.91	4.43
新疆维吾尔自治区	2.51	5.06	5.55	9.17	10.98	11.71	15.03	19.90

表 1－20　2002～2009 年中央财政从各地区集中两税增量情况　单位：亿元

地区	2002 年	2003 年	2004 年	2005 年	2006 年	2007 年	2008 年	2009 年	16 年合计
合计	2731.16	3470.64	4634.66	5792.34	7292.03	9216.33	11081.74	13218.19	65609.45
北京市	100.75	123.23	147.78	184.28	236.35	281.73	341.41	449.77	2146.97
天津市	77.71	102.64	126.86	165.84	208.00	251.80	298.34	311.92	1751.43
河北省	78.37	109.96	176.20	241.66	293.48	366.26	446.09	501.78	2475.29
山西省	56.42	87.21	143.37	210.56	250.68	319.34	448.18	400.50	2083.72
内蒙古自治区	21.44	34.83	60.99	101.23	131.36	185.32	254.71	287.71	1132.87
辽宁省（不含单列市）	57.90	78.26	106.04	139.57	169.50	219.50	261.84	364.29	1559.12
大连市	40.25	48.04	50.98	56.86	64.38	77.10	94.35	211.93	767.26
吉林省	49.63	63.65	86.14	102.60	115.51	152.28	205.26	254.26	1191.44
黑龙江省	79.91	87.06	123.40	141.54	178.34	186.44	235.34	257.07	1604.85
上海市	283.91	387.91	478.69	549.66	670.05	806.87	885.96	1112.53	5982.17
江苏省	296.78	375.54	517.34	615.49	795.95	1037.72	1255.34	1457.94	7172.09
浙江省（不含单列市）	196.47	253.13	294.53	360.80	456.74	570.91	674.00	751.73	4025.26
宁波市	65.92	81.84	94.44	112.28	141.23	185.88	205.34	293.38	1334.34
安徽省	64.89	77.48	109.11	144.74	178.04	220.09	263.28	326.92	1630.98
福建省（不含单列市）	69.46	83.54	100.11	121.97	152.54	196.18	229.82	279.45	1442.11
厦门市	29.23	34.85	43.17	50.53	64.32	80.24	97.51	109.54	587.82
江西省	27.78	39.67	53.67	68.13	89.43	119.92	149.50	183.48	807.94
山东省（不含单列市）	129.48	156.01	217.91	291.42	384.26	473.81	554.26	601.09	3284.72
青岛市	41.12	49.66	55.00	63.47	80.92	102.71	122.59	193.21	828.79
河南省	75.04	95.74	132.91	172.33	221.79	290.06	355.27	372.44	1995.02
湖北省	59.26	74.56	106.13	146.09	191.76	245.27	297.05	376.83	1696.91
湖南省	59.75	72.71	117.47	154.63	189.92	247.25	290.89	344.46	1705.42
广东省（不含单列市）	327.24	385.47	492.49	587.32	733.31	930.64	1089.17	1287.30	6776.12
深圳市	94.40	121.91	151.85	190.96	243.31	289.48	342.74	390.99	1986.86
广西壮族自治区	32.57	40.26	57.82	72.31	93.91	129.70	153.94	172.01	837.23
海南省	6.68	12.91	18.24	22.75	26.25	39.98	42.45	86.76	272.12
重庆市	40.64	52.28	67.42	80.44	99.49	132.57	163.33	185.22	940.55
四川省	61.20	75.57	100.20	134.55	173.17	222.30	267.28	314.96	1538.08
贵州省	28.92	38.85	57.87	78.63	99.06	121.91	152.33	171.74	842.12
云南省	69.85	83.54	124.65	140.96	174.99	234.41	303.30	333.90	1842.53
西藏自治区	-0.01	0.00	0.01	0.00	-0.16	0.00	0.00	0.00	-0.15
陕西省	47.64	61.79	98.61	132.10	179.00	227.39	285.97	390.22	1558.05
甘肃省	19.27	29.58	44.40	52.18	68.42	96.03	95.76	184.41	625.59
青海省	5.95	7.56	10.19	13.41	18.54	25.28	29.77	36.98	162.80
宁夏回族自治区	6.17	7.69	13.09	17.51	21.71	29.08	39.34	44.92	203.18
新疆维吾尔自治区	29.17	35.71	55.58	73.54	96.48	120.88	150.03	176.55	817.85

1.3 中央集中所得税增量

根据《国务院关于印发所得税收入分享改革方案的通知》规定，所得税收入分享改革的主要内容包括：[①] 自2002年1月1日起，除少数特殊行业或企业外，对其他企业所得税和个人所得税收入实行中央与地方按比例分享。中央保证各地区2001年地方实际的所得税收入基数，实施增量分成。中央财政因所得税分享改革增加的收入，按照公平、公正的原则，采用规范的方法进行分配，对地方主要是中西部地区实行转移支付。

（1）分享范围。除铁路运输、国家邮政、中国工商银行、中国农业银行、中国银行、中国建设银行、国家开发银行、中国农业发展银行、中国进出口银行以及海洋石油天然气企业缴纳的所得税继续作为中央收入外，其他企业所得税和个人所得税收入由中央与地方按比例分享。[②]

（2）分享比例。2002年所得税收入中央分享50%，地方分享50%；2003年所得税收入中央分享60%，地方分享40%；2003年以后年份的分享比例根据实际收入情况再行考虑。[③]

（3）基数计算。以2001年为基期，按改革方案确定的分享范围和比例计算，地方分享的所得税收入，如果小于地方实际所得税收入，差额部分由中央作为基数返还地方；如果大于地方实际所得税收入，差额部分由地方作为基数上解中央。

（4）跨地区经营、集中缴库的中央企业所得税等收入，按相关因素在有关地区之间进行分配。

如前所述，所得税收入分享改革后中央财政集中所得税增量可以按以下公式计算：

中央财政集中所得税增量＝改革后纳入中央与地方分享范围的所得税中中央分享部分－原属中央的所得税收入－所得税基数返还

---

① 财政部预算司：《中国政府间财政关系》，中国财政经济出版社2003年版，第38页。

② 根据《国务院关于暂将中国石油天然气股份有限公司、中国石油化工股份有限公司缴纳的企业所得税继续作为中央收入的通知》规定，暂将中国石油天然气股份有限公司、中国石油化工股份有限公司缴纳的企业所得税继续作为中央收入。

③ 根据《国务院关于明确中央与地方所得税收入分享比例的通知》规定，从2004年起，中央与地方所得税收入分享比例继续按中央分享60%，地方分享40%执行。

原属中央的所得税收入是指，如果不实施改革，中央财政按原先执行的以隶属关系划分所得税收入的办法可能取得的所得税收入。考虑到改革后已不能再划分出哪些所得税属于原属中央的部分，可以根据改革后纳入分享范围的所得税收入额和2001年所得税基数中中央财政所得税基数所占比例来推算。

这就需要确定2001年所得税基数及其中中央财政所得税基数数额。按通常理解，2001年所得税基数就是2001年中央财政和地方财政企业所得税和个人所得税收入数。但是，为做大收入基数，2001年地方企业所得税虚列收入基数比较严重。2001年当年全国地方企业所得税完成1636亿元，比上年增收630亿元，增长62.7%。其中，1~9月完成920亿元，比上年同期增长38%，虽然增幅比前几年有所提高，但基本属于正常；10月份宣布中央即将实施所得税收入分享改革后，第4季度地方企业所得税收入完成716亿元，比上年同期增长111.4%，全国36个地区中，12个地区增幅在50%~100%之间，21个地区的增幅超过100%。为合理确定地方企业所得税收入基数，确保所得税收入分享改革的顺利进行，国务院决定以2000年收入完成数和2001年1~9月的实际增长率为基础，并对1~9月增幅偏低的地区参照前两年的年均增长率做微调后，确定各省2001年地方企业所得税收入基数。但对中央企业所得税和全部个人所得税仍以2001年实际数为基数。①

由于现有统计资料中未披露核定的2001年中央财政和地方财政所得税基数，需要推算。推算过程如下。

2002年中央财政与地方财政按50∶50比例分享纳入分享范围的所得税。相应的所得税基数返还计算公式为：

五五比例所得税基数返还数额＝2001年地方所得税基数×50%
－2001年中央所得税基数×50%

2003年中央财政与地方财政按60∶40比例分享纳入范围的所得税。相应的所得税基数返还计算公式为：

六四比例所得税基数返还数额＝2001年地方所得税基数×60%
－2001年中央所得税基数×40%

① 财政部预算司：《中国政府间财政关系》，中国财政经济出版社2004年版，第44页、第62页。

根据上述两式可得：

2001 年中央所得税基数 =5×六四比例所得税基数返还数额
−6×五五比例所得税基数返还数额

2001 年地方所得税基数 =5×六四比例所得税基数返还数额
−4×五五比例所得税基数返还数额

根据2002 年按五五比例计算的所得税基数返还数额和2003 年按六四比例计算的所得税基数返还数额计算可得2001 年各地区中央与地方所得税基数（见表1－21）。

表1－21　　2001 年中央与地方所得税基数推算　　单位：亿元

地区	五五比例所得税基数返还	六四比例所得税基数返还	中央所得税基数	地方所得税基数	所得税基数中中央所得税基数所占比重（%）
北京市	17.28	42.16	107.12	141.68	43.1
天津市	19.79	26.93	15.91	55.49	22.3
河北省	21.16	30.91	27.59	69.91	28.3
山西省	7.47	12.29	16.63	31.57	34.5
内蒙古自治区	7.28	10.70	9.82	24.38	28.7
辽宁省（不含单列市）	13.47	22.47	31.53	58.47	35.0
大连市	8.73	12.11	8.17	25.63	24.2
吉林省	7.02	11.92	17.48	31.52	35.7
黑龙江省	5.96	12.26	25.54	37.46	40.5
上海市	58.32	89.82	99.18	215.82	31.5
江苏省	52.55	76.11	65.25	170.35	27.7
浙江省（不含单列市）	48.41	67.19	45.49	142.31	24.2
宁波市	14.39	19.68	12.06	40.84	22.8
安徽省	14.69	19.49	9.31	38.69	19.4
福建省（不含单列市）	15.67	24.34	27.68	59.02	31.9
厦门市	7.93	10.30	3.92	19.78	16.5
江西省	4.20	7.76	13.60	22.00	38.2
山东省（不含单列市）	38.31	54.43	42.29	118.91	26.2
青岛市	8.99	12.12	6.66	24.64	21.3

续表

地区	五五比例所得税基数返还	六四比例所得税基数返还	中央所得税基数	地方所得税基数	所得税基数中中央所得税基数所占比重（%）
河南省	18.21	29.09	36.19	72.61	33.3
湖北省	12.54	19.26	21.06	46.14	31.3
湖南省	10.72	16.99	20.63	42.07	32.9
广东省（不含单列市）	81.61	116.29	91.79	255.01	26.5
深圳市	37.49	46.81	9.11	84.09	9.8
广西壮族自治区	14.45	19.39	10.25	39.15	20.7
海南省	1.97	3.56	5.98	9.92	37.6
重庆市	5.82	9.68	13.48	25.12	34.9
四川省	17.76	27.95	33.19	68.71	32.6
贵州省	5.79	8.27	6.61	18.19	26.7
云南省	4.17	11.35	31.73	40.07	44.2
西藏自治区	0.72	0.93	0.33	1.77	15.7
陕西省	4.48	9.34	19.82	28.78	40.8
甘肃省	3.35	5.41	6.95	13.65	33.7
青海省	0.54	1.09	2.21	3.29	40.2
宁夏回族自治区	1.56	2.32	2.24	5.36	29.5
新疆维吾尔自治区	4.42	7.27	9.83	18.67	34.5

注：“五五比例所得税基数返还”数据来源于《地方财政统计资料》（2002），“六四比例所得税基数返还”数据来源于《地方财政统计资料》（2003）。

根据以下公式计算2002～2008年中央财政集中所得税增量：

中央财政集中所得税增量 = 改革后纳入中央与地方分享范围的所得税中中央分享部分
－原属中央的所得税收入－所得税基数返还
= 改革后纳入中央与地方分享范围的所得税中央分享部分
－纳入分享范围的所得税收入
×2001年所得税基数中中央所得税基数所占比重
－所得税基数返还

计算结果见表1－22至表1－30。

表1-22　　2002年中央集中所得税增量测算　　单位：亿元

地区	中央分享所得税	减：		中央集中所得税增量
		原属中央所得税	所得税基数返还	
合计	1724.00	1025.85	597.22	100.93
北京市	163.74	141.14	17.28	5.32
天津市	39.45	17.59	19.79	2.07
河北省	54.95	31.10	21.16	2.69
山西省	22.59	15.59	7.47	-0.47
内蒙古自治区	14.74	8.46	7.28	-1.00
辽宁省（不含单列市）	49.97	34.98	13.47	1.52
大连市	19.73	9.55	8.73	1.45
吉林省	23.22	16.58	7.02	-0.38
黑龙江省	26.22	21.24	5.96	-0.98
上海市	206.54	130.12	58.32	18.10
江苏省	135.80	75.23	52.55	8.02
浙江省（不含单列市）	119.35	57.77	48.41	13.17
宁波市	32.34	14.75	14.39	3.20
安徽省	30.16	11.70	14.69	3.77
福建省（不含单列市）	47.37	30.22	15.67	1.48
厦门市	13.23	4.37	7.93	0.93
江西省	18.28	13.97	4.20	0.11
山东省（不含单列市）	90.94	47.65	38.31	4.98
青岛市	18.54	7.90	8.99	1.65
河南省	49.79	33.16	18.21	-1.58
湖北省	37.51	23.48	12.54	1.49
湖南省	29.37	19.33	10.72	-0.68
广东省（不含单列市）	209.19	110.87	81.61	16.71
深圳市	73.31	14.37	37.49	21.45
广西壮族自治区	25.98	10.76	14.45	0.77
海南省	6.54	4.92	1.97	-0.35
重庆市	17.64	12.31	5.82	-0.49
四川省	44.39	28.94	17.76	-2.31
贵州省	14.33	7.65	5.79	0.89
云南省	35.22	31.13	4.17	-0.08
西藏自治区	1.02	0.32	0.72	-0.02
陕西省	21.32	17.40	4.48	-0.56
甘肃省	10.70	7.21	3.35	0.14
青海省	2.21	1.78	0.54	-0.11
宁夏回族自治区	3.29	1.94	1.56	-0.21
新疆维吾尔自治区	15.03	10.37	4.42	0.24

注："中央分享所得税"收入根据各地区企业所得税收入和个人所得税收入及中央与地方分享比例计算；"原属中央所得税"根据全部纳入分享范围的所得税收入及2001年所得税基数中中央所得税基数所占比重计算；全部纳入分享范围的所得税收入根据各地区企业所得税收入和个人所得税收入及地方分享比例计算；各地区企业所得税收入、个人所得税收入、所得税基数返还数据来源于《地方财政统计资料》(2002)。

表 1－23　　2003 年中央集中所得税增量测算　　单位：亿元

地区	中央分享所得税	减：原属中央所得税	减：所得税基数返还	中央集中所得税增量
合计	2416.12	1195.55	897.99	322.58
北京市	226.37	162.61	42.16	21.60
天津市	54.51	20.26	26.93	7.32
河北省	70.26	33.14	30.91	6.21
山西省	34.23	19.68	12.29	2.26
内蒙古自治区	18.89	9.04	10.70	－0.85
辽宁省（不含单列市）	64.04	37.36	22.47	4.21
大连市	25.19	10.16	12.11	2.92
吉林省	29.41	17.50	11.92	－0.01
黑龙江省	32.64	22.03	12.26	－1.65
上海市	326.94	171.64	89.82	65.48
江苏省	199.26	91.99	76.11	31.16
浙江省（不含单列市）	177.59	71.63	67.19	38.77
宁波市	50.87	19.33	19.68	11.86
安徽省	40.93	13.23	19.49	8.21
福建省（不含单列市）	66.48	35.35	24.34	6.79
厦门市	20.62	5.67	10.30	4.65
江西省	25.53	16.25	7.76	1.52
山东省（不含单列市）	113.20	49.43	54.43	9.34
青岛市	25.50	9.05	12.12	4.33
河南省	67.11	37.25	29.09	0.77
湖北省	49.24	25.69	19.26	4.29
湖南省	38.43	21.07	16.99	0.37
广东省（不含单列市）	299.26	132.17	116.29	50.80
深圳市	97.91	15.99	46.81	35.11
广西壮族自治区	35.11	12.11	19.39	3.61
海南省	8.08	5.06	3.56	－0.54
重庆市	24.96	14.52	9.68	0.76
四川省	58.67	31.88	27.95	－1.16
贵州省	20.78	9.25	8.27	3.26
云南省	44.82	33.02	11.35	0.45
西藏自治区	1.50	0.39	0.93	0.18
陕西省	29.47	20.04	9.34	0.09
甘肃省	13.48	7.57	5.41	0.50
青海省	3.00	2.01	1.09	－0.10
宁夏回族自治区	4.48	2.20	2.32	－0.04
新疆维吾尔自治区	17.36	9.98	7.27	0.11

注：“中央分享所得税”收入根据各地区企业所得税收入和个人所得税收入及中央与地方分享比例计算；“原属中央所得税”根据全部纳入分享范围的所得税收入及 2001 年所得税基数中中央所得税基数所占比重计算；全部纳入分享范围的所得税收入根据各地区企业所得税收入和个人所得税收入及地方分享比例计算；各地区企业所得税收入、个人所得税收入、所得税基数返还数据来源于《地方财政统计资料》(2003)。

表 1－24　　2004 年中央集中所得税增量测算　　单位：亿元

地区	中央分享所得税	减：		中央集中所得税增量
		原属中央所得税	所得税基数返还	
合计	3096. 95	1535. 54	897. 56	663. 85
北京市	292. 55	210. 15	42. 16	40. 24
天津市	72. 09	26. 79	26. 93	18. 37
河北省	90. 25	42. 57	30. 91	16. 77
山西省	47. 94	27. 57	11. 86	8. 51
内蒙古自治区	23. 42	11. 20	10. 70	1. 52
辽宁省（不含单列市）	87. 61	51. 11	22. 47	14. 03
大连市	29. 34	11. 83	12. 11	5. 40
吉林省	32. 45	19. 31	11. 92	1. 22
黑龙江省	38. 11	25. 72	12. 26	0. 13
上海市	440. 51	231. 27	89. 82	119. 42
江苏省	287. 03	132. 51	76. 11	78. 41
浙江省（不含单列市）	235. 67	95. 05	67. 19	73. 43
宁波市	70. 23	26. 69	19. 68	23. 86
安徽省	53. 90	17. 43	19. 49	16. 98
福建省（不含单列市）	82. 30	43. 76	24. 34	14. 20
厦门市	26. 17	7. 20	10. 30	8. 67
江西省	33. 87	21. 56	7. 76	4. 55
山东省（不含单列市）	141. 22	61. 67	54. 43	25. 12
青岛市	35. 84	12. 72	12. 12	11. 00
河南省	86. 45	47. 98	29. 09	9. 38
湖北省	62. 78	32. 75	19. 26	10. 77
湖南省	47. 70	26. 16	16. 99	4. 55
广东省（不含单列市）	345. 41	152. 56	116. 29	76. 56
深圳市	113. 43	18. 53	46. 81	48. 09
广西壮族自治区	41. 20	14. 21	19. 39	7. 60
海南省	9. 75	6. 11	3. 56	0. 08
重庆市	30. 11	17. 51	9. 68	2. 92
四川省	72. 76	39. 53	27. 95	5. 28
贵州省	28. 46	12. 66	8. 27	7. 53
云南省	56. 64	41. 72	11. 35	3. 57
西藏自治区	1. 66	0. 43	0. 93	0. 30
陕西省	33. 96	23. 09	9. 34	1. 53
甘肃省	15. 82	8. 89	5. 41	1. 52
青海省	3. 68	2. 47	1. 09	0. 12
宁夏回族自治区	5. 97	2. 94	2. 32	0. 71
新疆维吾尔自治区	20. 67	11. 89	7. 27	1. 51

注："中央分享所得税"收入根据各地区企业所得税收入和个人所得税收入及中央与地方分享比例计算；"原属中央所得税"根据全部纳入分享范围的所得税收入及 2001 年所得税基数中中央所得税基数所占比重计算；全部纳入分享范围的所得税收入根据各地区企业所得税收入和个人所得税收入及地方分享比例计算；各地区企业所得税收入、个人所得税收入、所得税基数返还数据来源于《地方财政统计资料》(2004)。

表 1－25　　2005 年中央集中所得税增量测算　　单位：亿元

地区	中央分享所得税	减：		中央集中所得税增量
		原属中央所得税	所得税基数返还	
合计	3875.81	1930.51	897.56	1047.74
北京市	373.93	268.61	42.16	63.16
天津市	90.36	33.58	26.93	29.85
河北省	122.41	57.74	30.91	33.76
山西省	76.01	43.71	11.86	20.44
内蒙古自治区	44.14	21.11	10.70	12.33
辽宁省（不含单列市）	123.59	72.09	22.47	29.03
大连市	33.91	13.68	12.11	8.12
吉林省	37.56	22.35	11.92	3.29
黑龙江省	51.21	34.57	12.26	4.38
上海市	541.61	284.35	89.82	167.44
江苏省	365.84	168.90	76.11	120.83
浙江省（不含单列市）	271.31	109.43	67.19	94.69
宁波市	79.75	30.31	19.68	29.76
安徽省	63.87	20.65	19.49	23.73
福建省（不含单列市）	92.22	49.03	24.34	18.85
厦门市	30.29	8.33	10.30	11.66
江西省	43.01	27.38	7.76	7.87
山东省（不含单列市）	179.42	78.35	54.43	46.64
青岛市	45.16	16.03	12.12	17.01
河南省	110.41	61.28	29.09	20.04
湖北省	84.79	44.23	19.26	21.30
湖南省	57.89	31.74	16.99	9.16
广东省（不含单列市）	409.72	180.96	116.29	112.47
深圳市	143.59	23.45	46.81	73.33
广西壮族自治区	49.68	17.14	19.39	13.15
海南省	12.14	7.61	3.56	0.97
重庆市	36.97	21.50	9.68	5.79
四川省	93.04	50.55	27.95	14.54
贵州省	37.47	16.67	8.27	12.53
云南省	67.94	50.05	11.35	6.54
西藏自治区	2.00	0.52	0.93	0.55
陕西省	46.23	31.44	9.34	5.45
甘肃省	20.42	11.47	5.41	3.54
青海省	5.35	3.58	1.09	0.68
宁夏回族自治区	7.24	3.56	2.32	1.36
新疆维吾尔自治区	25.33	14.56	7.27	3.50

注："中央分享所得税"收入根据各地区企业所得税收入和个人所得税收入及中央与地方分享比例计算；"原属中央所得税"根据全部纳入分享范围的所得税收入及 2001 年所得税基数中中央所得税基数所占比重计算；全部纳入分享范围的所得税收入根据各地区企业所得税收入和个人所得税收入及地方分享比例计算；各地区企业所得税收入、个人所得税收入、所得税基数返还数据来源于《地方财政统计资料》（2005）。

表1-26 2006年中央集中所得税增量测算 单位：亿元

地区	中央分享所得税	减：原属中央所得税	减：所得税基数返还	中央集中所得税增量
合计	4746.08	2365.85	902.39	1477.84
北京市	474.20	340.63	46.56	87.01
天津市	112.06	41.65	26.93	43.48
河北省	143.58	67.72	30.91	44.95
山西省	102.63	59.01	12.29	31.33
内蒙古自治区	59.05	28.25	10.70	20.10
辽宁省（不含单列市）	122.89	71.69	22.47	28.73
大连市	41.56	16.76	12.11	12.69
吉林省	44.37	26.40	11.92	6.05
黑龙江省	59.72	40.31	12.26	7.15
上海市	603.81	317.00	89.82	196.99
江苏省	453.90	209.55	76.11	168.24
浙江省（不含单列市）	335.07	135.14	67.19	132.74
宁波市	92.77	35.25	19.68	37.84
安徽省	82.58	26.70	19.49	36.39
福建省（不含单列市）	117.45	62.44	24.34	30.67
厦门市	39.55	10.88	10.30	18.37
江西省	55.53	35.35	7.76	12.42
山东省（不含单列市）	235.51	102.84	54.43	78.24
青岛市	55.66	19.76	12.12	23.78
河南省	141.40	78.48	29.09	33.83
湖北省	100.68	52.52	19.26	28.90
湖南省	75.42	41.36	16.99	17.07
广东省（不含单列市）	506.42	223.67	116.29	166.46
深圳市	175.16	28.61	46.81	99.74
广西壮族自治区	57.35	19.79	19.39	18.17
海南省	14.51	9.09	3.56	1.86
重庆市	44.10	25.65	9.68	8.77
四川省	121.84	66.20	27.95	27.69
贵州省	48.68	21.66	8.27	18.75
云南省	83.64	61.61	11.35	10.68
西藏自治区	1.98	0.52	0.93	0.53
陕西省	71.08	48.33	9.34	13.41
甘肃省	24.72	13.88	5.41	5.43
青海省	7.60	5.09	1.09	1.42
宁夏回族自治区	8.53	4.19	2.32	2.02
新疆维吾尔自治区	31.08	17.87	7.27	5.94

注："中央分享所得税"收入根据各地区企业所得税收入和个人所得税收入及中央与地方分享比例计算；"原属中央所得税"根据全部纳入分享范围的所得税收入及2001年所得税基数中中央所得税基数所占比重计算；全部纳入分享范围的所得税收入根据各地区企业所得税收入和个人所得税收入及地方分享比例计算；各地区企业所得税收入、个人所得税收入、所得税基数返还数据来源于《地方财政统计资料》（2006）。

表 1－27　　2007 年中央集中所得税增量测算　　单位：亿元

地区	中央分享所得税	减：		中央集中所得税增量
		原属中央所得税	所得税基数返还	
合计	6615.42	3294.19	906.26	2414.97
北京市	669.79	481.13	46.56	142.10
天津市	159.10	59.13	26.93	73.04
河北省	193.08	91.07	30.91	71.10
山西省	157.63	90.64	12.29	54.70
内蒙古自治区	89.27	42.70	10.70	35.87
辽宁省（不含单列市）	165.81	96.72	22.47	46.62
大连市	64.94	26.19	12.11	26.64
吉林省	66.80	39.75	11.92	15.13
黑龙江省	76.81	51.85	12.26	12.70
上海市	893.07	468.86	89.82	334.39
江苏省	640.75	295.81	76.11	268.83
浙江省（不含单列市）	437.92	176.63	67.19	194.10
宁波市	127.66	48.51	23.42	55.73
安徽省	111.29	35.98	19.49	55.82
福建省（不含单列市）	149.42	79.44	24.34	45.64
厦门市	51.59	14.19	10.30	27.10
江西省	79.21	50.43	7.76	21.02
山东省（不含单列市）	308.01	134.50	54.43	119.08
青岛市	74.97	26.61	12.12	36.24
河南省	199.98	110.99	29.09	59.90
湖北省	134.88	70.36	19.39	45.13
湖南省	102.55	56.23	16.99	29.33
广东省（不含单列市）	656.52	289.96	116.29	250.27
深圳市	286.64	46.82	46.81	193.01
广西壮族自治区	73.86	25.48	19.39	28.99
海南省	20.05	12.56	3.56	3.93
重庆市	62.83	36.55	9.68	16.60
四川省	178.38	96.92	27.95	53.51
贵州省	66.91	29.77	8.27	28.87
云南省	112.35	82.76	11.35	18.24
西藏自治区	2.75	0.72	0.93	1.10
陕西省	96.37	65.53	9.34	21.50
甘肃省	37.69	21.17	5.41	11.11
青海省	10.34	6.93	1.09	2.32
宁夏回族自治区	12.13	5.96	2.32	3.85
新疆维吾尔自治区	44.07	25.34	7.27	11.46

注："中央分享所得税"收入根据各地区企业所得税收入和个人所得税收入及中央与地方分享比例计算；"原属中央所得税"根据全部纳入分享范围的所得税收入及 2001 年所得税基数中中央所得税基数所占比重计算；全部纳入分享范围的所得税收入根据各地区企业所得税收入和个人所得税收入及地方分享比例计算；各地区企业所得税收入、个人所得税收入、所得税基数返还数据来源于《地方财政统计资料》(2007)。

表1-28 2008年中央集中所得税增量测算 单位：亿元

地区	中央分享所得税	减：		中央集中所得税增量
		原属中央所得税	所得税基数返还	
合计	8244.12	4152.21	910.18	3181.73
北京市	1006.52	723.02	46.56	236.94
天津市	204.24	75.91	26.93	101.40
河北省	232.06	109.45	30.91	91.70
山西省	169.43	97.42	12.29	59.72
内蒙古自治区	124.95	59.77	10.70	54.48
辽宁省（不含单列市）	208.23	121.47	23.54	63.22
大连市	83.03	33.49	12.11	37.43
吉林省	90.13	53.63	11.92	24.58
黑龙江省	102.44	69.15	12.26	21.03
上海市	1129.90	593.20	89.82	446.88
江苏省	792.22	365.74	76.11	350.37
浙江省（不含单列市）	499.14	201.32	67.19	230.63
宁波市	129.07	49.05	23.42	56.60
安徽省	144.25	46.64	19.49	78.12
福建省（不含单列市）	183.87	97.76	24.34	61.77
厦门市	59.49	16.36	10.30	32.83
江西省	95.13	60.57	7.76	26.80
山东省（不含单列市）	354.66	154.87	57.28	142.51
青岛市	81.99	29.11	12.12	40.76
河南省	223.59	124.09	29.09	70.41
湖北省	174.90	91.24	19.39	64.27
湖南省	117.67	64.52	16.99	36.16
广东省（不含单列市）	795.63	351.40	116.29	327.94
深圳市	362.82	59.26	46.81	256.75
广西壮族自治区	85.06	29.35	19.39	36.32
海南省	31.30	19.61	3.56	8.13
重庆市	79.18	46.06	9.68	23.44
四川省	201.46	109.46	27.95	64.05
贵州省	81.16	36.12	8.27	36.77
云南省	133.87	98.62	11.35	23.90
西藏自治区	3.86	1.01	0.93	1.92
陕西省	122.65	83.40	9.34	29.91
甘肃省	43.13	24.22	5.41	13.50
青海省	14.57	9.76	1.09	3.72
宁夏回族自治区	15.40	7.57	2.32	5.51
新疆维吾尔自治区	67.12	38.59	7.27	21.26

注："中央分享所得税"收入根据各地区企业所得税收入和个人所得税收入及中央与地方分享比例计算；"原属中央所得税"根据全部纳入分享范围的所得税收入及2001年所得税基数中中央所得税基数所占比重计算；全部纳入分享范围的所得税收入根据各地区企业所得税收入和个人所得税收入及地方分享比例计算；各地区企业所得税收入、个人所得税收入数据来源于《中国财政年鉴》（2009），所得税基数返还数据来源于《地方财政运行》（2008）。

表 1-29 2009 年中央集中所得税增量测算 单位：亿元

地区	中央分享所得税	减：		中央集中所得税增量
		原属中央所得税	所得税基数返还	
合计	8253.95	4136.03	910.18	3207.74
北京市	913.30	656.05	46.56	210.69
天津市	197.15	73.27	26.93	96.95
河北省	240.24	113.31	30.91	96.02
山西省	193.28	111.14	12.29	69.85
内蒙古自治区	156.74	74.97	10.70	71.07
辽宁省（不含单列市）	176.14	102.75	23.54	49.85
大连市	84.91	34.25	12.11	38.55
吉林省	101.58	60.44	11.92	29.22
黑龙江省	107.79	72.76	12.26	22.77
上海市	1068.66	561.05	89.82	417.79
江苏省	822.09	379.53	76.11	366.45
浙江省（不含单列市）	499.81	201.59	67.19	231.03
宁波市	128.96	49.00	23.42	56.54
安徽省	154.38	49.92	19.49	84.97
福建省（不含单列市）	189.59	100.80	24.34	64.45
厦门市	66.54	18.30	10.30	37.94
江西省	94.00	59.85	7.76	26.39
山东省（不含单列市）	348.42	152.14	57.28	139.00
青岛市	79.04	28.06	12.12	38.86
河南省	222.20	123.32	29.09	69.79
湖北省	174.30	90.93	19.39	63.98
湖南省	122.37	67.10	16.99	38.28
广东省（不含单列市）	766.47	338.52	116.29	311.66
深圳市	376.57	61.51	46.81	268.25
广西壮族自治区	84.16	29.04	19.39	35.73
海南省	38.01	23.82	3.56	10.63
重庆市	93.97	54.66	9.68	29.63
四川省	230.53	125.25	27.95	77.33
贵州省	95.50	42.50	8.27	44.73
云南省	136.45	100.52	11.35	24.58
西藏自治区	4.23	1.11	0.93	2.19
陕西省	136.61	92.89	9.34	34.38
甘肃省	38.91	21.85	5.41	11.65
青海省	17.97	12.04	1.09	4.84
宁夏回族自治区	20.69	10.17	2.32	8.20
新疆维吾尔自治区	72.39	41.62	7.27	23.50

注：“中央分享所得税”收入根据各地区企业所得税收入和个人所得税收入及中央与地方分享比例计算；“原属中央所得税”根据全部纳入分享范围的所得税收入及2001年所得税基数中中央所得税基数所占比重计算；全部纳入分享范围的所得税收入根据各地区企业所得税收入和个人所得税收入及地方分享比例计算；各地区企业所得税收入、个人所得税收入数据来源于《中国财政年鉴》(2010)，所得税基数返还数据来源于《地方财政运行》(2009)。

表1-30　2002~2009年各地区贡献所得税增量　单位：亿元

地区	2002年	2003年	2004年	2005年	2006年	2007年	2008年	2009年	8年合计
合计	100.93	322.58	663.85	1047.74	1477.84	2414.97	3181.73	3207.74	12417.38
北京市	5.32	21.60	40.24	63.16	87.01	142.10	236.94	210.69	807.06
天津市	2.07	7.32	18.37	29.85	43.48	73.04	101.40	96.95	372.48
河北省	2.69	6.21	16.77	33.76	44.95	71.10	91.70	96.02	363.20
山西省	-0.47	2.26	8.51	20.44	31.33	54.70	59.72	69.85	246.34
内蒙古自治区	-1.00	-0.85	1.52	12.33	20.10	35.87	54.48	71.07	193.52
辽宁省（不含单列市）	1.52	4.21	14.03	29.03	28.73	46.62	63.22	49.85	237.21
大连市	1.45	2.92	5.40	8.12	12.69	26.64	37.43	38.55	133.20
吉林省	-0.38	-0.01	1.22	3.29	6.05	15.13	24.58	29.22	79.10
黑龙江省	-0.98	-1.65	0.13	4.38	7.15	12.70	21.03	22.77	65.53
上海市	18.10	65.48	119.42	167.44	196.99	334.39	446.88	417.79	1766.49
江苏省	8.02	31.16	78.41	120.83	168.24	268.83	350.37	366.45	1392.31
浙江省（不含单列市）	13.17	38.77	73.43	94.69	132.74	194.10	230.63	231.03	1008.56
宁波市	3.20	11.86	23.86	29.76	37.84	55.73	56.60	56.54	275.39
安徽省	3.77	8.21	16.98	23.73	36.39	55.82	78.12	84.97	307.99
福建省（不含单列市）	1.48	6.79	14.20	18.85	30.67	45.64	61.77	64.45	243.85
厦门市	0.93	4.65	8.67	11.66	18.37	27.10	32.83	37.94	142.15
江西省	0.11	1.52	4.55	7.87	12.42	21.02	26.80	26.39	100.68
山东省（不含单列市）	4.98	9.34	25.12	46.64	78.24	119.08	142.51	139.00	564.91
青岛市	1.65	4.33	11.00	17.01	23.78	36.24	40.76	38.86	173.63
河南省	-1.58	0.77	9.38	20.04	33.83	59.90	70.41	69.79	262.54
湖北省	1.49	4.29	10.77	21.30	28.90	45.13	64.27	63.98	240.13
湖南省	-0.68	0.37	4.55	9.16	17.07	29.33	36.16	38.28	134.24
广东省（不含单列市）	16.71	50.80	76.56	112.47	166.46	250.27	327.94	311.66	1312.87
深圳市	21.45	35.11	48.09	73.33	99.74	193.01	256.75	268.25	995.73
广西壮族自治区	0.77	3.61	7.60	13.15	18.17	28.99	36.32	35.73	144.34
海南省	-0.35	-0.54	0.08	0.97	1.86	3.93	8.13	10.63	24.71
重庆市	-0.49	0.76	2.92	5.79	8.77	16.60	23.44	29.63	87.42
四川省	-2.31	-1.16	5.28	14.54	27.69	53.51	64.05	77.33	238.93
贵州省	0.89	3.26	7.53	12.53	18.75	28.87	36.77	44.73	153.33
云南省	-0.08	0.45	3.57	6.54	10.68	18.24	23.90	24.58	87.88
西藏自治区	-0.02	0.18	0.30	0.55	0.53	1.10	1.92	2.19	6.75
陕西省	-0.56	0.09	1.53	5.45	13.41	21.50	29.91	34.38	105.71
甘肃省	0.14	0.50	1.52	3.54	5.43	11.11	13.50	11.65	47.39
青海省	-0.11	-0.10	0.12	0.68	1.42	2.32	3.72	4.84	12.89
宁夏回族自治区	-0.21	-0.04	0.71	1.36	2.02	3.85	5.51	8.20	21.40
新疆维吾尔自治区	0.24	0.11	1.51	3.50	5.94	11.46	21.26	23.50	67.52

1.4 集中增量合计

通过1994~2009年中央财政从各地区集中两税增量情况的测算汇总，以及考虑2002年所得税收入分享改革以来各地区贡献所得税的增量，可以得出中央政府从各地区集中增量的具体数据（见表1－31、表1－32）。

表1－31　1994~2001年中央财政从各地区集中增量情况　单位：亿元

地区	1994年	1995年	1996年	1997年	1998年	1999年	2000年	2001年
合计	217.02	381.95	620.10	829.38	1091.10	1244.81	1632.65	2155.35
北京市	7.52	14.27	22.34	25.70	35.16	40.46	53.03	83.19
天津市	6.52	13.33	16.14	17.14	23.54	28.07	40.78	62.80
河北省	6.48	10.99	20.82	29.84	38.85	45.25	48.72	60.54
山西省	4.12	11.44	16.92	20.97	25.82	21.70	27.19	39.30
内蒙古自治区	1.55	2.10	2.67	5.89	8.24	9.27	10.76	14.80
辽宁省（不含单列市）	9.60	9.81	5.49	18.34	22.45	23.49	29.43	43.61
大连市	2.40	4.85	7.57	12.09	15.29	16.84	24.37	39.96
吉林省	4.98	8.53	14.82	18.96	22.06	24.62	27.62	40.52
黑龙江省	11.70	23.21	26.98	37.46	42.88	44.80	57.13	71.59
上海市	23.52	36.85	78.05	78.15	104.19	124.79	156.51	204.53
江苏省	17.42	31.66	62.79	76.90	101.10	119.33	172.52	238.27
浙江省（不含单列市）	5.61	14.46	29.97	38.99	54.62	69.77	115.78	137.75
宁波市	2.49	4.83	9.76	10.88	16.12	21.78	39.45	48.72
安徽省	5.83	11.26	19.99	30.55	39.89	42.69	45.21	51.01
福建省（不含单列市）	5.81	11.52	15.80	20.29	26.33	30.52	44.04	54.73
厦门市	0.89	1.76	3.95	5.25	8.07	10.17	21.99	26.35
江西省	3.09	4.37	5.11	6.20	8.77	9.70	16.69	22.43
山东省（不含单列市）	10.16	19.03	41.96	52.85	70.84	79.79	92.97	108.88
青岛市	2.98	5.56	9.49	11.99	16.08	19.20	22.54	32.27
河南省	5.85	13.26	22.68	33.28	48.52	44.13	51.82	59.90
湖北省	1.72	7.15	10.97	24.33	30.55	34.20	40.88	50.16
湖南省	7.17	12.39	12.21	26.69	33.86	38.29	44.54	53.19
广东省（不含单列市）	27.55	46.99	73.76	89.46	110.84	133.33	186.92	274.33
深圳市	－2.79	0.68	5.94	11.61	16.70	23.00	41.93	64.15
广西壮族自治区	1.10	4.09	2.32	8.98	11.80	12.97	17.31	26.14
海南省	0.29	0.40	1.07	1.53	1.93	2.23	3.41	5.24

续表

地区	1994 年	1995 年	1996 年	1997 年	1998 年	1999 年	2000 年	2001 年
重庆市	2.58	4.40	5.03	10.14	28.35	15.67	22.11	30.88
四川省	5.92	9.26	14.39	21.96	15.05	32.85	40.51	48.91
贵州省	1.97	3.23	5.21	9.51	15.21	16.55	18.07	23.06
云南省	23.59	26.27	35.07	42.50	59.25	65.83	65.65	58.77
西藏自治区	0.00	0.00	0.00	0.01	0.03	-0.07	0.02	0.02
陕西省	3.15	5.25	9.67	13.67	18.89	21.06	25.07	38.57
甘肃省	2.05	1.24	1.85	3.50	3.66	4.60	6.42	12.22
青海省	1.08	1.28	1.20	1.58	1.43	2.00	2.32	4.23
宁夏回族自治区	0.61	1.17	2.56	3.02	3.75	4.22	3.91	4.43
新疆维吾尔自治区	2.51	5.06	5.55	9.17	10.98	11.71	15.03	19.90

表 1-32　　2002～2009 年中央财政从各地区集中增量情况　　单位：亿元

地区	2002 年	2003 年	2004 年	2005 年	2006 年	2007 年	2008 年	2009 年	16 年合计
合计	2832.09	3793.22	5298.51	6840.08	8769.87	11631.30	14263.47	16425.93	78026.83
北京市	106.07	144.83	188.02	247.44	323.36	423.83	578.35	660.46	2954.03
天津市	79.78	109.96	145.23	195.69	251.48	324.84	399.74	408.87	2123.91
河北省	81.06	116.17	192.97	275.42	338.43	437.36	537.79	597.80	2838.49
山西省	55.95	89.47	151.88	231.00	282.01	374.04	507.90	470.35	2330.06
内蒙古自治区	20.44	33.98	62.51	113.56	151.46	221.19	309.19	358.78	1326.39
辽宁省（不含单列市）	59.42	82.47	120.07	168.60	198.23	266.12	325.06	414.14	1796.33
大连市	41.70	50.96	56.38	64.98	77.07	103.74	131.78	250.48	900.46
吉林省	49.25	63.64	87.36	105.89	121.56	167.41	229.84	283.48	1270.54
黑龙江省	78.93	85.41	123.53	145.92	185.49	199.14	256.37	279.84	1670.38
上海市	302.01	453.39	598.11	717.10	867.04	1141.26	1332.84	1530.32	7748.66
江苏省	304.80	406.70	595.75	736.32	964.19	1306.55	1605.71	1824.39	8564.40
浙江省（不含单列市）	209.64	291.90	367.96	455.49	589.48	765.01	904.63	982.76	5033.82
宁波市	69.12	93.70	118.30	142.04	179.07	241.61	261.94	349.92	1609.73
安徽省	68.66	85.69	126.09	168.47	214.43	275.91	341.40	411.89	1938.97
福建省（不含单列市）	70.94	90.33	114.31	140.82	183.21	241.82	291.59	343.90	1685.96
厦门市	30.16	39.50	51.84	62.19	82.69	107.34	130.34	147.48	729.97
江西省	27.89	41.19	58.22	76.00	101.85	140.94	176.30	209.87	908.62
山东省（不含单列市）	134.46	165.35	243.03	338.06	462.50	592.89	696.77	740.09	3849.63
青岛市	42.77	53.99	66.00	80.48	104.70	138.95	163.35	232.07	1002.42

续表

地区	2002 年	2003 年	2004 年	2005 年	2006 年	2007 年	2008 年	2009 年	16 年合计
河南省	73.46	96.51	142.29	192.37	255.62	349.96	425.68	442.23	2257.56
湖北省	60.75	78.85	116.90	167.39	220.66	290.40	361.32	440.81	1937.04
湖南省	59.07	73.08	122.02	163.79	206.99	276.58	327.05	382.74	1839.66
广东省（不含单列市）	343.95	436.27	569.05	699.79	899.77	1180.91	1417.11	1598.96	8088.99
深圳市	115.85	157.02	199.94	264.29	343.05	482.49	599.49	659.24	2982.59
广西壮族自治区	33.34	43.87	65.42	85.46	112.08	158.69	190.26	207.74	981.57
海南省	6.33	12.37	18.32	23.72	28.11	43.91	50.58	97.39	296.83
重庆市	40.15	53.04	70.34	86.23	108.26	149.17	186.77	214.85	1027.97
四川省	58.89	74.41	105.48	149.09	200.86	275.81	331.33	392.29	1777.01
贵州省	29.81	42.11	65.40	91.16	117.81	150.78	189.10	216.47	995.45
云南省	69.77	83.99	128.22	147.50	185.67	252.65	327.20	358.48	1930.41
西藏自治区	-0.03	0.18	0.31	0.55	0.37	1.10	1.92	2.19	6.60
陕西省	47.08	61.88	100.14	137.55	192.41	248.89	315.88	424.60	1663.76
甘肃省	19.41	30.08	45.92	55.72	73.85	107.14	109.26	196.06	672.98
青海省	5.84	7.46	10.31	14.09	19.96	27.60	33.49	41.82	175.69
宁夏回族自治区	5.96	7.65	13.80	18.87	23.73	32.93	44.85	53.12	224.58
新疆维吾尔自治区	29.41	35.82	57.09	77.04	102.42	132.34	171.29	200.05	885.37

第 2 章

转移支付增量

1994 年分税制财政管理体制改革以来，中央财政不断完善对地方转移支付体系，规模不断增加，有效增强了地方财政，尤其是中西部财力薄弱地区提供公共服务的能力。

2.1 中央对地方转移支付概述

目前，中央对地方转移支付分为一般性转移支付、专项转移支付两类。一般性转移支付是指为弥补财政实力薄弱地区的财力缺口，均衡地区间财力差距，实现地区间基本公共服务能力的均等化，中央财政安排给地方财政的补助支出，由地方统筹安排。目前一般性转移支付包括均衡性转移支付、民族地区转移支付等。专项转移支付是指中央财政为实现特定的宏观政策及事业发展战略目标，以及对委托地方政府代理的一些事务或对中央、地方共同承担事务进行补偿而设立的补助资金，需按规定用途使用。专项转移支付重点用于教育、医疗卫生、社会保障、支农等公共服务领域。

2009 年，中央对地方税收返还和转移支付 28563.79 亿元，增加 6519.4 亿元，增长 29.6%。包括：税收返还 4886.7 亿元；一般性转移支付 11317.2 亿元，占转移支付的 47.8%；专项转移支付 12359.89 亿元，占转移支付的 52.2%。2009 年中央对地方转移支付是1994年590亿元的40倍，年均增长28%（见表2-1）。[①]

表2-1　2009年中央对地方税收返还和转移支付支出情况　单位：亿元

项　目	预算数	决算数	决算数为预算数的百分比	决算数为上年决算数的百分比
一、中央对地方转移支付	23954.81	23677.09	98.8	126.6
（一）一般性转移支付	11374.93	11317.20	99.5	111.0
1. 均衡性转移支付	3918.00	3918.00	100.0	111.6
2. 民族地区转移支付	280.00	275.88	98.5	100.0
3. 县级基本财力保障机制奖补资金	550.00	547.79	99.6	125.0
4. 调整工资转移支付	2365.63	2357.60	99.7	96.2
5. 农村税费改革转移支付	770.22	769.47	99.9	100.9
6. 资源枯竭城市财力性转移支付	50.00	50.00	100.0	200.0
7. 定额补助（原体制补助）	138.14	138.14	100.0	101.5
8. 企事业单位划转补助	348.00	347.87	100.0	104.9
9. 结算财力补助	344.51	369.22	107.2	105.8
10. 工商部门停征两费转移支付	80.00	80.00	100.0	170.2
11. 村级公益事业一事一议奖励资金	10.00	10.00	100.0	
12. 一般公共服务转移支付	45.00	23.93	53.2	102.1
13. 公共安全转移支付	332.90	329.84	99.1	349.4
14. 教育转移支付	908.49	893.56	98.4	120.6
15. 社会保障和就业转移支付	1234.04	1201.83	97.4	118.6
16. 医疗卫生转移支付		4.07		
（二）专项转移支付	12579.88	12359.89	98.3	145.2
其中：教育	448.86	520.21	115.9	140.1
科学技术	32.79	78.17	238.4	91.0
社会保障和就业	1816.17	1640.47	90.3	105.1
医疗卫生	1124.28	1205.64	107.2	150.6
环境保护	1199.27	1113.90	92.9	114.4
农林水事务	3143.19	3182.54	101.3	133.3
二、中央对地方税收返还	4934.19	4886.70	99.0	146.5
增值税和消费税返还	3476.00	3422.63	98.5	101.5
所得税基数返还	910.19	910.19	100.0	100.0
成品油税费改革税收返还	1530.00	1531.10	100.1	
地方上解	-982.00	-977.22	99.5	103.3
中央对地方税收返还和转移支付	28889	28563.79	98.9	129.6

资料来源：http://www.mof.gov.cn/zhuantihuigu/czjbqk/cztz/201011/t20101101_345458.html。

① 李萍：《财政体制简明图解》，中国财政经济出版社2010年版，第100页。

2.2 转移支付增量

以1993年为基期，将各地区各年度中央对地方转移支付数额与1993年数额相比较，得出历年转移支付增量（见表2-2和表2-3）。需要说明的是，现有统计资料没有直接公布中央财政对各地区转移支付数额。但《中国财政年鉴》公布了1995~2009年中央对地方补助总额，扣除其中的税收返还数额［可以从1995~2007年的《地方财政统计资料》和《地方财政运行》（2008年、2009年）中获得］，即得到转移支付数额。即：1995~2009年中央对各地区转移支付=中央对各地区补助总额-税收返还（包括两税返还、所得税基数返还、出口退税基数返还）。由于没有1993年、1994年中央对各地区补助总额数据，1993年、1994年中央对各地区转移支付按1993年、1994年中央对地方转移支付总额及1995年各地区转移支付占当年中央对地方转移支付总额的比例推算。

表2-2　　1994~2001年中央对地方转移支付增量　　单位：亿元

地区	1994年	1995年	1996年	1997年	1998年	1999年	2000年	2001年
合计	45.47	121.06	179.10	244.67	657.93	1327.12	1996.53	3263.73
北京市	1.64	4.35	-1.45	1.83	10.77	34.47	13.83	53.47
天津市	1.21	3.22	-0.87	1.08	3.12	8.14	19.04	29.13
河北省	1.37	3.64	7.63	7.21	17.34	50.46	80.41	134.80
山西省	0.81	2.15	2.96	3.51	10.65	35.09	60.65	105.96
内蒙古自治区	2.32	6.19	14.77	20.68	35.04	56.74	100.91	178.46
辽宁省（不含单列市）	2.03	5.39	6.34	7.58	25.34	76.92	113.49	165.43
大连市	0.69	1.84	2.09	1.01	3.95	-0.66	6.87	6.76
吉林省	1.44	3.83	10.81	21.12	29.99	72.51	97.23	138.44
黑龙江省	2.85	7.58	-1.99	3.51	32.63	91.75	119.48	175.07
上海市	2.07	5.52	13.25	16.48	23.31	30.58	38.69	14.01
江苏省	1.79	4.78	3.04	2.46	14.55	21.30	24.95	29.90
浙江省（不含单列市）	0.63	1.68	-0.15	1.88	6.97	11.18	13.02	16.15
宁波市	0.30	0.80	1.18	3.09	1.90	1.38	1.90	0.72
安徽省	1.04	2.77	9.51	10.16	31.41	64.93	93.22	157.81
福建省（不含单列市）	1.08	2.88	1.75	2.48	3.85	9.01	12.77	18.01
厦门市	-0.03	-0.09	0.13	0.89	1.09	1.89	2.00	4.36
江西省	1.25	3.33	7.82	10.64	43.17	62.71	67.32	114.53
山东省（不含单列市）	1.47	3.91	5.64	5.36	15.77	29.65	40.13	55.40
青岛市	0.44	1.16	-0.08	0.45	-0.60	-1.07	2.15	0.06

续表

地区	1994 年	1995 年	1996 年	1997 年	1998 年	1999 年	2000 年	2001 年
河南省	1.81	4.83	5.65	7.26	27.20	67.09	96.31	150.42
湖北省	1.61	4.28	9.58	9.24	43.13	68.74	86.45	177.99
湖南省	1.19	3.15	12.56	8.15	46.10	73.45	96.16	155.80
广东省（不含单列市）	1.93	5.15	-15.14	-18.49	-9.40	-4.44	0.68	4.68
深圳市	0.08	0.22	-2.35	-0.77	-1.51	-0.86	0.35	1.69
广西壮族自治区	1.24	3.31	9.52	10.40	19.73	34.50	57.45	114.12
海南省	0.50	1.35	2.73	3.53	5.39	9.58	15.85	24.30
重庆市	0.29	0.79	6.78	20.85	33.42	52.78	81.29	117.19
四川省	1.77	4.71	13.90	8.81	26.79	62.41	129.55	233.41
贵州省	1.11	2.95	7.46	10.24	21.18	46.00	73.52	123.98
云南省	1.33	3.55	4.98	8.76	20.66	46.80	85.02	147.08
西藏自治区	2.09	5.55	5.21	8.16	14.82	30.14	36.28	71.13
陕西省	1.14	3.04	5.49	8.76	23.21	49.81	114.53	156.75
甘肃省	0.92	2.45	5.79	7.47	21.67	41.69	75.72	118.49
青海省	0.87	2.31	5.16	7.97	13.31	26.44	38.06	75.08
宁夏回族自治区	0.71	1.89	3.26	4.68	12.46	20.99	33.50	56.71
新疆维吾尔自治区	2.48	6.60	16.14	18.23	29.52	45.02	67.75	136.44

表 2-3　　2002~2009 年中央对地方转移支付增量　　单位：亿元

地区	2002 年	2003 年	2004 年	2005 年	2006 年	2007 年	2008 年	2009 年	16 年合计
合计	3801.30	4088.35	5627.27	6818.60	9114.61	12659.57	17343.75	22286.90	89575.96
北京市	23.74	29.28	24.47	33.72	54.61	69.44	90.40	131.00	575.57
天津市	24.22	27.79	29.71	46.44	63.92	82.06	107.71	135.38	581.30
河北省	173.29	197.58	258.96	316.13	444.10	602.86	768.82	986.68	4051.28
山西省	128.03	147.35	201.93	230.84	310.50	417.49	513.40	660.37	2831.69
内蒙古自治区	217.64	195.34	305.73	325.63	399.11	561.90	684.56	876.69	3981.71
辽宁省（不含单列市）	159.18	197.51	237.27	288.96	374.24	478.46	598.66	755.30	3492.10
大连市	5.63	6.10	9.29	13.66	15.81	18.53	22.88	36.28	150.73
吉林省	164.59	209.23	258.97	325.79	371.81	520.69	654.63	823.73	3704.81
黑龙江省	206.54	209.94	334.06	395.82	488.05	681.65	868.76	1081.17	4696.87

续表

地区	2002年	2003年	2004年	2005年	2006年	2007年	2008年	2009年	16年合计
上海市	-4.72	-4.84	-1.40	-0.11	6.18	15.14	31.09	56.54	241.79
江苏省	28.12	34.50	58.52	68.38	127.04	169.82	262.67	372.99	1224.81
浙江省（不含单列市）	20.12	16.78	25.57	31.27	47.75	81.30	137.27	175.90	587.32
宁波市	0.30	0.29	6.79	1.87	4.03	5.28	9.09	18.98	57.90
安徽省	166.93	199.58	249.53	297.60	423.54	606.78	799.97	1020.54	4135.32
福建省（不含单列市）	20.79	27.16	40.46	52.57	96.25	142.25	212.20	306.97	950.48
厦门市	5.07	3.57	3.30	3.97	4.71	5.97	8.60	16.08	61.51
江西省	147.28	160.03	218.82	267.55	353.51	498.93	673.79	857.52	3488.20
山东省（不含单列市）	74.97	97.96	138.39	204.43	308.10	398.48	540.67	684.95	2605.28
青岛市	1.79	1.10	3.31	5.53	8.28	11.23	17.53	31.78	83.06
河南省	198.27	243.07	337.33	437.24	624.08	878.01	1127.80	1494.59	5700.96
湖北省	178.46	188.34	271.95	329.45	496.52	650.59	864.86	1107.45	4488.64
湖南省	202.72	211.21	328.26	371.93	516.48	707.91	937.04	1174.23	4846.34
广东省（不含单列市）	11.27	7.68	9.22	21.45	45.91	84.49	153.35	230.48	528.82
深圳市	1.75	5.86	5.70	5.03	5.81	5.62	10.85	20.29	57.76
广西壮族自治区	131.79	145.20	204.13	257.65	342.88	514.05	680.05	843.10	3369.12
海南省	33.00	43.80	55.96	67.28	84.55	122.52	194.19	240.78	905.31
重庆市	160.26	140.98	178.06	207.85	275.46	346.95	447.38	578.66	2648.99
四川省	286.84	270.82	393.98	464.48	617.25	883.94	1789.32	2240.15	7428.13
贵州省	151.14	152.75	215.18	263.02	318.61	490.06	647.94	820.52	3345.66
云南省	158.26	183.18	228.99	260.98	331.76	498.43	647.89	899.17	3526.84
西藏自治区	102.87	104.88	106.85	162.07	175.05	254.83	323.72	432.25	1835.90
陕西省	179.41	178.59	268.83	306.42	381.67	545.72	727.51	896.62	3847.50
甘肃省	132.62	149.06	211.17	242.39	314.91	437.13	666.16	790.60	3218.24
青海省	79.80	75.82	107.39	131.89	159.10	213.20	289.38	374.02	1599.80
宁夏回族自治区	70.20	55.79	81.60	103.49	122.69	178.13	221.97	290.40	1258.47
新疆维吾尔自治区	159.13	175.07	218.99	275.93	400.34	479.73	611.64	824.74	3467.75

第2篇

均衡地区间财力效果

本篇试图回答以下问题:中央财政收入增加以提高中央财政对落后地区的转移支付，然而在转移支付实施之前与实施之后，中央财政转移支付对缩小地区间财政支出差异能发挥多大作用?

本篇计算了1994~2009年不同省份之间人均财政支出的差异指数，如基尼系数、变异系数。测算结果意味着地区间财政支出差异出现了收敛趋势。

第 3 章

地区间人均财政支出差异程度的变化

3.1 分析方法概述

衡量地区财政差异程度不能用总量，而要用人均指标，即人均财政支出水平。具体可以采用差异系数、基尼系数两个指标。

其中，差异系数计算公式为：

$$V = \frac{\sqrt{\sum_1^n (y_i - \bar{y})^2}}{\bar{y}}$$

基尼系数计算公式为：①

$$G = \frac{1}{2n(n-1)u}\sum_{j=1}^{n}\sum_{i=1}^{n}|x_j - x_i|$$

根据历年各地区人均财政支出水平，可以直接得出 1994 ~ 2008 年历年人均财政支出的差异系数和基尼系数。但是，各地区人均财政支出差异系数的变化情况，是中央财政实施集中增量再分配措施后的结果。但这并不能说明分税制财政管理体制改革在均衡地区间财政支出方面的效果。因为各地区人均财政支出数额差异程度的变化是由多种因素造成的。有分税制财政管理体制改革的作用，也有各地经济发展情况变化的影响。而且，各地区财政支出是分税制财政管理体制改革实施后，中央财政集中财力并

① 李萍：《财政体制简明图解》，中国财政经济出版社 2010 年版，第 103 ~ 104 页。

进行地区间再分配后形成的。其对比参照系应当是，假定不实施集中增量再分配措施，各地区可能的财政支出水平之间的差异水平。这就需要将中央集中增量、中央对地方税收返还全部恢复为地方财政收入，按此作为假定不实施集中增量再分配措施情况下的地方财政支出，再据此计算人均地方财政支出差异水平。将其与实际各地区人均支出差异情况作对比，才能得出分税制财政管理体制集中收入增量，进行再分配对均衡地区间支出水平的效果。

3.2 假定不实施分税制集中增量再分配制度措施

将中央对各地区税收返还（包括两税返还、所得税基数返还、出口退税基数返还）和从各地区集中增量恢复为地方可用资金，加上地方财政本级收入，作为不实施分税制集中增量再分配制度措施情况下的财政支出，再计算人均财政支出的差异水平（见表3－1至表3－6）。

表3－1　1994～2001年地方财政收入加税收返还加中央集中增量情况 单位：亿元

地区	1994年	1995年	1996年	1997年	1998年	1999年	2000年	2001年
合计	4327.61	5234.80	6315.67	7104.22	8157.86	8960.26	10245.26	12267.52
北京市	119.78	198.97	244.36	281.57	341.00	399.57	478.76	624.14
天津市	98.99	120.07	140.71	152.60	172.05	189.15	225.54	282.18
河北省	173.43	204.76	249.38	285.79	328.21	352.74	382.56	431.88
山西省	94.21	122.70	141.99	155.66	173.05	172.97	185.11	218.22
内蒙古自治区	66.69	74.86	89.91	102.47	117.18	127.43	137.83	147.44
辽宁省（不含单列市）	220.81	244.26	262.45	286.18	320.13	329.90	347.44	422.73
大连市	56.84	68.29	79.27	90.10	102.32	111.16	127.32	162.99
吉林省	97.61	114.62	135.74	147.98	162.64	173.49	179.75	213.00
黑龙江省	145.77	177.81	209.27	230.51	258.18	273.35	303.52	348.92
上海市	337.34	406.23	515.95	572.59	653.53	717.90	821.63	1002.84
江苏省	285.35	341.25	429.26	483.07	554.20	623.31	792.60	993.63
浙江省（不含单列市）	163.22	190.97	225.71	253.21	307.49	365.25	504.25	653.12
宁波市	37.80	48.05	61.31	66.48	79.35	94.59	129.62	174.90
安徽省	105.61	142.15	185.18	223.85	254.03	272.52	279.98	300.40
福建省（不含单列市）	121.33	148.80	173.25	198.14	225.92	245.52	277.62	317.11
厦门市	26.47	33.45	41.74	45.14	53.88	63.13	86.82	105.19
江西省	83.87	100.48	115.40	127.36	139.55	148.74	164.24	191.85
山东省（不含单列市）	197.19	247.14	331.09	387.34	459.66	513.00	578.79	687.78
青岛市	48.89	59.14	72.73	83.00	99.86	113.23	126.44	157.44

续表

地区	1994年	1995年	1996年	1997年	1998年	1999年	2000年	2001年
河南省	172.73	214.50	265.04	301.64	343.97	353.67	386.40	417.62
湖北省	143.00	173.13	204.55	236.50	273.62	303.72	332.02	361.13
湖南省	161.72	191.19	215.62	239.17	268.09	283.48	301.84	340.77
广东省（不含单列市）	386.16	482.42	568.45	643.11	744.71	877.92	1048.71	1359.96
深圳市	90.82	109.92	160.45	178.05	206.70	234.31	294.79	361.00
广西壮族自治区	109.99	131.41	141.43	157.85	182.33	197.78	216.85	259.76
海南省	33.64	34.79	37.79	38.59	41.94	44.87	49.40	56.33
重庆市	52.59	62.32	68.58	101.41	132.45	125.84	144.46	174.08
四川省	189.75	218.48	263.34	269.06	288.59	321.82	353.91	401.64
贵州省	64.98	74.42	88.41	100.20	117.08	127.72	140.66	161.31
云南省	218.53	243.95	287.34	317.42	356.78	369.50	377.35	379.28
西藏自治区	6.03	2.97	3.47	4.47	5.43	6.66	7.75	8.66
陕西省	79.79	91.43	113.50	127.85	151.38	167.17	180.73	218.14
甘肃省	62.65	68.41	81.31	89.32	96.62	102.26	107.66	124.15
青海省	14.39	16.25	17.07	18.97	20.65	22.78	25.59	31.31
宁夏回族自治区	13.35	15.92	21.35	23.44	28.04	29.72	31.31	38.70
新疆维吾尔自治区	46.29	59.30	73.27	84.14	97.27	104.07	116.00	137.92

注：税收返还包括消费税和增值税两税返还、所得税基数返还、出口退税基数返还、成品油价格和税费改革税收返还，数据来源于1994～2007年《地方财政统计资料》和2008～2009年《地方财政运行》。

表3-2　2002～2009年地方财政收入加税收返还加中央集中增量情况 单位：亿元

地区	2002年	2003年	2004年	2005年	2006年	2007年	2008年	2009年	16年合计
合计	14353.91	17068.45	21028.85	25481.18	31003.64	39324.89	47195.41	54892.41	312961.93
北京市	747.30	873.21	1090.92	1311.14	1595.71	2076.41	2581.23	2904.43	15868.49
天津市	328.98	402.15	500.31	624.46	771.33	971.90	1185.60	1362.61	7528.61
河北省	496.23	580.70	749.04	939.08	1112.56	1387.14	1652.85	1924.88	11251.23
山西省	263.71	342.30	486.28	679.76	949.43	1060.88	1352.79	1421.48	7820.55
内蒙古自治区	175.52	221.41	314.72	450.25	557.31	781.02	1032.59	1328.28	5724.90
辽宁省（不含单列市）	481.67	554.23	680.21	840.17	972.44	1241.00	1508.84	1831.03	10543.48
大连市	176.88	202.41	225.28	258.78	317.09	416.99	517.83	698.73	3612.27
吉林省	240.93	285.32	328.53	386.71	442.07	567.78	737.71	880.46	5094.34
黑龙江省	381.84	412.70	498.62	550.15	662.56	730.66	930.48	1044.66	7158.98

续表

地区	2002 年	2003 年	2004 年	2005 年	2006 年	2007 年	2008 年	2009 年	16 年合计
上海市	1271.11	1645.65	2074.10	2461.00	2783.71	3568.49	4050.67	4482.94	27365.68
江苏省	1193.04	1483.43	1932.21	2368.60	2946.70	3888.77	4695.91	5538.36	28549.67
浙江省（不含单列市）	836.07	1056.63	1272.71	1519.55	1849.06	2313.37	2682.89	3051.14	17244.63
宁波市	224.49	283.54	340.71	407.79	491.98	632.89	715.55	846.27	4635.31
安徽省	343.40	387.87	492.61	593.30	736.93	918.18	1168.31	1432.54	7836.84
福建省（不含单列市）	351.37	405.66	480.37	560.61	677.86	848.70	1001.58	1178.65	7212.48
厦门市	116.06	136.14	157.48	189.87	248.77	324.98	382.82	420.99	2432.91
江西省	211.32	258.32	317.39	382.67	464.04	591.08	728.22	890.36	4914.89
山东省（不含单列市）	785.74	921.08	1129.56	1414.25	1781.43	2171.69	2516.39	2908.19	17030.33
青岛市	184.89	219.82	256.15	304.52	380.44	483.79	559.69	664.69	3814.73
河南省	481.71	561.10	708.67	869.18	1080.50	1365.62	1594.62	1798.44	10915.41
湖北省	397.82	442.16	534.33	658.79	818.81	1009.22	1205.90	1433.17	8527.87
湖南省	384.56	445.09	558.91	676.74	807.34	1012.42	1183.56	1415.97	8486.44
广东省（不含单列市）	1556.11	1779.33	2062.39	2437.31	2934.74	3680.81	4310.18	4894.50	29766.78
深圳市	457.13	535.13	637.56	771.67	943.01	1242.21	1504.18	1646.56	9373.47
广西壮族自治区	291.12	325.32	387.56	452.72	542.45	670.49	804.60	965.99	5837.65
海南省	62.14	76.03	89.47	106.00	123.79	167.45	210.87	300.55	1473.67
重庆市	211.03	265.28	327.04	397.75	482.99	652.42	827.69	957.22	4983.16
四川省	452.96	526.42	614.12	754.66	939.95	1264.38	1515.65	1775.76	10150.49
贵州省	183.73	216.74	268.84	330.45	404.14	498.03	602.13	720.00	4098.84
云南省	412.81	459.78	550.18	619.39	731.06	914.48	1126.07	1289.19	8653.12
西藏自治区	10.59	12.07	14.67	17.07	20.54	28.43	35.97	46.01	230.80
陕西省	247.33	296.46	381.05	479.54	626.24	799.53	987.01	1277.81	6224.96
甘肃省	143.12	169.99	206.77	236.28	274.98	362.20	438.35	565.53	3129.59
青海省	35.14	40.58	47.15	57.97	72.97	95.85	117.03	146.38	780.09
宁夏回族自治区	41.07	47.37	62.76	77.77	96.74	125.34	153.09	186.51	992.50
新疆维吾尔自治区	175.00	197.05	250.20	295.24	361.98	460.31	576.56	662.13	3696.75

注：税收返还包括消费税和增值税两税返还、所得税基数返还、出口退税基数返还、成品油价格和税费改革税收返还，数据来源于 1994 ~ 2007 年《地方财政统计资料》和 2008 ~ 2009 年《地方财政运行》。

表 3-3　　1994~2001 年人均地方财政收入加税收返还加中央财政集中增量情况

单位：元/人

地区	1994 年	1995 年	1996 年	1997 年	1998 年	1999 年	2000 年	2001 年
地方平均	363	433	519	580	659	718	809	963
北京市	1065	1590	1941	2271	2737	3179	3510	4506
天津市	1059	1275	1484	1601	1798	1972	2253	2811
河北省	272	318	385	438	500	533	573	645
山西省	309	399	457	496	546	540	570	667
内蒙古自治区	295	328	390	441	500	540	581	620
辽宁省（不含单列市）	625	687	733	795	886	910	956	1162
大连市	1068	1276	1476	1668	1884	2040	2311	2937
吉林省	379	442	520	563	615	653	670	792
黑龙江省	397	480	561	615	684	721	797	916
上海市	2488	2871	3636	3930	4464	4870	5110	6213
江苏省	406	483	604	676	772	864	1082	1351
浙江省（不含单列市）	425	494	581	649	784	928	1218	1572
宁波市	723	914	1157	1247	1483	1758	2396	3221
安徽省	179	240	311	374	422	450	460	490
福建省（不含单列市）	396	478	552	628	712	770	866	982
厦门市	2224	2764	3393	3611	4243	4894	4235	4985
江西省	209	247	281	307	333	352	396	458
山东省（不含单列市）	247	308	411	479	565	627	698	826
青岛市	720	863	1054	1194	1427	1611	1788	2217
河南省	191	236	289	326	369	377	407	437
湖北省	250	300	351	403	463	511	557	604
湖南省	257	299	335	370	412	434	460	517
广东省（不含单列市）	569	695	812	911	1001	1166	1319	1698
深圳市	2199	2448	3322	3372	3564	3702	4205	4979
广西壮族自治区	245	289	308	341	390	420	456	543
海南省	473	481	515	519	557	589	628	708
重庆市	348	408	447	353	461	440	507	615
四川省	196	223	266	319	340	376	411	465
贵州省	188	212	249	278	320	344	375	425
云南省	555	611	711	775	861	881	890	885
西藏自治区	255	124	142	180	215	260	298	329
陕西省	229	260	320	358	421	462	496	596
甘肃省	263	281	330	358	384	402	421	482
青海省	304	338	350	382	411	447	495	599
宁夏回族自治区	265	310	410	442	521	547	565	687
新疆维吾尔自治区	284	357	434	490	557	587	627	735

表 3－4　　2002～2009 年人均地方财政收入加税收返还加中央财政集中增量情况

单位：元/人

地区	2002 年	2003 年	2004 年	2005 年	2006 年	2007 年	2008 年	2009 年
地方平均	1121	1324	1161	1986	2401	3027	3607	4169
北京市	5252	5997	7307	8525	10093	12715	15229	16549
天津市	3267	3978	4886	5987	7175	8717	10082	11096
河北省	737	858	1100	1371	1613	1998	2365	2737
山西省	801	1033	1458	2026	2813	3127	3966	4148
内蒙古自治区	738	930	1320	1887	2330	3247	4277	5484
辽宁省（不含单列市）	1321	1518	1861	2298	2629	3336	4043	4904
大连市	3170	3614	4008	4580	5543	7214	8882	11944
吉林省	893	1055	1213	1424	1623	2080	2698	3213
黑龙江省	1001	1082	1306	1440	1733	1911	2433	2730
上海市	7822	9618	11906	13841	15337	19206	21455	23336
江苏省	1616	2003	2600	3169	3903	5100	6117	7169
浙江省（不含单列市）	1998	2507	2995	3500	4184	5147	5894	6620
宁波市	4111	5165	6161	7321	8770	11202	12598	14821
安徽省	559	629	791	969	1206	1501	1904	2337
福建省（不含单列市）	1080	1240	1460	1694	2039	2543	2985	3492
厦门市	5423	6274	7158	8439	10677	13374	15374	16706
江西省	501	607	741	888	1069	1353	1655	2009
山东省（不含单列市）	939	1096	1337	1662	2081	2523	2907	3340
青岛市	2582	3049	3504	4110	5079	6383	7345	8712
河南省	501	580	729	927	1150	1459	1691	1896
湖北省	664	737	888	1154	1438	1771	2112	2506
湖南省	580	668	834	1070	1273	1593	1855	2210
广东省（不含单列市）	1922	2174	2481	2913	3470	4286	4973	5596
深圳市	6120	6878	7960	9320	11147	14411	17151	18480
广西壮族自治区	604	670	793	971	1149	1406	1671	1989
海南省	774	937	1094	1280	1481	1982	2469	3479
重庆市	750	946	1171	1422	1720	2317	2915	3348
四川省	522	605	704	919	1151	1556	1862	2170
贵州省	479	560	689	886	1076	1324	1587	1896
云南省	953	1051	1246	1392	1631	2026	2479	2820
西藏自治区	397	447	535	616	731	1001	1253	1587
陕西省	673	803	1028	1289	1677	2133	2624	3388
甘肃省	552	653	789	911	1055	1384	1668	2146
青海省	664	760	875	1068	1332	1736	2112	2628
宁夏回族自治区	718	817	1067	1305	1602	2055	2477	2984
新疆维吾尔自治区	919	1019	1275	1469	1766	2197	2706	3067

表3-5 1994～2001年人均地方财政收入加税收返还加中央财政集中增量排名

地区	1994年	1995年	1996年	1997年	1998年	1999年	2000年	2001年
北京市	5	4	4	4	4	4	4	4
天津市	6	6	5	6	6	6	7	7
河北省	23	23	24	23	22	23	21	22
山西省	19	19	18	18	20	21	22	21
内蒙古自治区	21	22	23	22	22	21	20	23
辽宁省（不含单列市）	9	10	10	10	10	11	12	12
大连市	4	5	6	5	5	5	6	6
吉林省	17	17	16	16	16	16	17	17
黑龙江省	15	15	14	15	15	15	15	14
上海市	1	1	1	1	1	2	1	1
江苏省	14	13	12	12	13	13	11	11
浙江省（不含单列市）	13	12	13	13	12	10	10	10
宁波市	7	7	7	7	7	7	5	5
安徽省	36	32	30	26	26	26	28	30
福建省（不含单列市）	16	16	15	14	14	14	14	13
厦门市	2	2	2	2	2	1	2	2
江西省	32	31	33	34	34	34	34	33
山东省（不含单列市）	29	25	21	20	17	17	16	16
青岛市	8	8	8	8	8	8	8	8
河南省	34	33	32	32	32	32	33	34
湖北省	28	26	25	24	24	24	24	25
湖南省	26	27	27	27	28	29	28	29
广东省（不含单列市）	10	9	9	9	9	9	9	9
深圳市	3	3	3	3	3	3	3	3
广西壮族自治区	30	28	31	31	30	30	30	28
海南省	12	14	17	17	18	18	18	19
重庆市	18	18	19	30	25	28	25	24
四川省	33	34	34	33	33	33	32	32
贵州省	35	35	35	35	35	35	35	35
云南省	11	11	11	11	11	12	13	15
西藏自治区	27	36	36	36	36	36	36	36
陕西省	31	30	29	28	27	25	26	27
甘肃省	25	29	28	28	31	31	31	31
青海省	20	21	26	25	29	27	27	26
宁夏回族自治区	24	24	22	21	21	20	23	20
新疆维吾尔自治区	22	20	20	19	18	19	19	18

表 3-6　　2002~2009 年人均地方财政收入加税收返还加中央财政集中增量排名

地区	2002 年	2003 年	2004 年	2005 年	2006 年	2007 年	2008 年	2009 年
北京市	4	4	3	3	4	4	4	4
天津市	6	6	6	6	6	6	6	7
河北省	23	23	22	22	23	23	25	24
山西省	19	18	14	13	12	14	14	14
内蒙古自治区	22	22	16	14	14	13	12	12
辽宁省（不含单列市）	12	12	12	12	13	12	13	13
大连市	7	7	7	7	7	7	7	6
吉林省	18	16	20	19	22	20	19	20
黑龙江省	14	15	17	18	18	25	24	25
上海市	1	1	1	1	1	1	1	1
江苏省	11	11	10	10	10	10	9	9
浙江省（不含单列市）	9	9	9	9	9	9	10	10
宁波市	5	5	5	5	5	5	5	5
安徽省	30	31	30	30	29	30	28	28
福建省（不含单列市）	13	13	13	15	16	15	15	15
厦门市	3	3	4	4	3	3	3	3
江西省	33	32	32	34	34	34	34	32
山东省（不含单列市）	16	14	15	16	15	16	17	19
青岛市	8	8	8	8	8	8	8	8
河南省	33	34	33	31	31	31	31	34
湖北省	26	27	26	26	26	26	26	27
湖南省	29	29	28	27	28	28	30	29
广东省（不含单列市）	10	10	11	11	11	11	11	11
深圳市	2	2	2	2	2	2	2	2
广西壮族自治区	28	28	29	29	32	32	32	33
海南省	20	21	23	25	25	24	23	16
重庆市	21	20	21	20	19	17	16	18
四川省	32	33	34	32	30	29	29	30
贵州省	35	35	35	35	33	35	35	34
云南省	15	17	19	21	21	22	21	23
西藏自治区	36	36	36	36	36	36	36	36
陕西省	25	25	25	24	20	19	20	17
甘肃省	31	30	31	33	35	33	33	31
青海省	26	26	27	28	27	27	26	26
宁夏回族自治区	24	24	24	23	24	21	22	22
新疆维吾尔自治区	17	19	18	17	17	18	18	21

假定不实施分税制财政管理体制集中增量再分配措施，1994～2009 年 36 个地区（省、自治区、直辖市、计划单列市）人均财政支出数额差异系数在 1 左右波动，2009 年为 0.928，基尼系数则呈稳定扩大提高趋势，由 1994 年的 0.311 提高至 2009 年的 0.355（见图 3－1）。

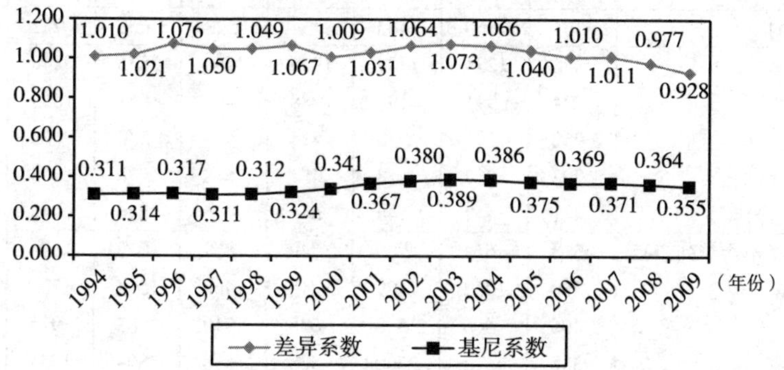

图 3－1　1994～2009 年不实施集中增量再分配措施情况下人均财政支出差异情况

3.3 实施分税制集中增量再分配制度措施后

实施分税制财政管理体制后，中央财政集中增量，通过转移支付进行再分配，形成地方财政支出。因此，按地方财政支出计算的人均财政支出数额差异就是分税制财政管理体制实施后的结果。1994～2009 年 36 个地区（省、自治区、直辖市、计划单列市）人均财政支出数额差异总体呈下降趋势，差异系数由 1994 年的 0.781 下降至 2009 年的 0.544，基尼系数由 1994 年的 0.258 下降至 2009 年的 0.198（见图 3－2）。

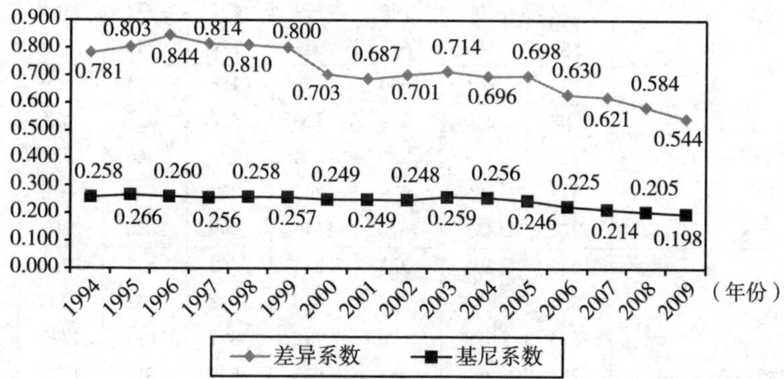

图 3－2　1994～2009 年各地区人均财政支出差异情况

分税制集中增量再分配制度实施以来，1994～2009年度间历年的各地区人均财政支出及排名顺序见表3－7至表3－10。

表3－7　　1994～2001年各地区人均财政支出　　单位：元/人

地区	1994年	1995年	1996年	1997年	1998年	1999年	2000年	2001年
地方平均	304	350	403	454	523	608	723	946
北京市	876	1234	1489	1906	2253	2826	3248	4037
天津市	774	991	1194	1288	1441	1641	1869	2337
河北省	252	297	358	414	459	530	623	768
山西省	293	367	428	457	518	578	693	885
内蒙古自治区	411	447	548	614	726	846	1042	1343
辽宁省（不含单列市）	518	612	700	749	859	1029	1164	1431
大连市	760	1052	1199	1315	1468	1554	1725	2067
吉林省	406	466	558	638	719	883	972	1213
黑龙江省	388	472	560	588	688	894	1003	1255
上海市	1407	1837	2348	2806	3211	3620	3785	4387
江苏省	285	359	437	510	592	672	807	992
浙江省（不含单列市）	333	375	434	487	577	697	839	1158
宁波市	479	672	855	942	1135	1298	1551	2141
安徽省	158	229	300	346	402	477	531	659
福建省（不含单列市）	388	469	541	606	680	732	835	934
厦门市	1580	2100	2471	2643	3096	3565	2760	3393
江西省	229	272	321	362	418	491	539	678
山东省（不含单列市）	239	297	388	438	518	584	640	780
青岛市	408	550	681	767	950	1033	1169	1465
河南省	188	228	278	308	347	409	470	532
湖北省	240	281	339	381	474	567	619	811
湖南省	240	272	339	357	421	479	530	654
广东省（不含单列市）	505	623	661	770	872	1003	1076	1333
深圳市	1807	2080	2858	2640	3048	3332	3210	3499
广西壮族自治区	278	309	342	369	424	477	544	734
海南省	563	585	615	644	729	745	815	992
重庆市	236	281	334	352	438	525	659	840
四川省	208	240	278	326	378	425	525	688
贵州省	215	243	280	310	364	460	537	724
云南省	517	589	669	765	792	902	976	1158
西藏自治区	1284	1453	1510	1540	1799	2080	2307	3976
陕西省	246	292	344	386	462	571	746	957
甘肃省	304	334	369	418	498	581	736	914
青海省	535	599	670	735	877	1093	1320	1937
宁夏回族自治区	384	448	567	635	839	912	1098	1662
新疆维吾尔自治区	436	580	680	718	836	937	1033	1404

表 3－8　　2002～2009 年各地区人均财政支出　　单位：元/人

地区	2002 年	2003 年	2004 年	2005 年	2006 年	2007 年	2008 年	2009 年
地方平均	1120	1187	1388	1738	2110	2714	3769	4786
北京市	4416	5047	6021	6881	8203	10101	11559	13216
天津市	2634	3087	3617	4239	5052	6048	7379	9155
河北省	856	955	1134	1429	1711	2170	2692	3337
山西省	1015	1254	1545	1993	2713	3094	3855	4557
内蒙古自治区	1654	1879	2349	2858	3395	4500	6026	7956
辽宁省（不含单列市）	1536	1745	2056	2726	3126	3816	4672	5922
大连市	2350	2632	3014	3676	4660	5961	7033	8054
吉林省	1344	1513	1874	2324	2638	3237	4316	5399
黑龙江省	1395	1481	1827	2062	2533	3105	4032	4908
上海市	5307	6361	7936	9259	9893	11742	13739	15563
江苏省	1165	1415	1745	2239	2667	3349	4230	5200
浙江省（不含单列市）	1445	1700	1993	2305	2668	3194	3886	4659
宁波市	2661	3283	3905	4754	5217	6567	7741	8863
安徽省	744	823	944	1165	1539	2033	2685	3494
福建省（不含单列市）	979	1117	1236	1424	1740	2133	2681	3389
厦门市	3705	4002	4449	5405	6441	8175	9562	10637
江西省	809	898	1034	1308	1605	2072	2750	3525
山东省（不含单列市）	880	1027	1212	1485	1865	2254	2698	3255
青岛市	1737	2041	2252	2740	3161	4237	4848	5683
河南省	655	741	903	1190	1533	1999	2420	3063
湖北省	854	900	1067	1364	1839	2241	2890	3655
湖南省	804	861	1041	1381	1679	2135	2767	3451
广东省（不含单列市）	1498	1645	1773	2020	2343	2832	3333	3811
深圳市	4120	4485	4726	7236	6754	8445	10147	11233
广西壮族自治区	871	913	1033	1312	1546	2068	2693	3340
海南省	1149	1300	1582	1827	2088	2902	4192	5626
重庆市	1087	1219	1433	1742	2116	2729	3579	4519
四川省	809	842	1009	1318	1649	2165	3624	4387
贵州省	825	859	1068	1396	1625	2114	2778	3613
云南省	1216	1342	1499	1722	1993	2515	3236	4271
西藏自治区	5163	5404	4811	6695	7124	9696	13263	16211
陕西省	1102	1133	1377	1718	2207	2812	3797	4882
甘肃省	1057	1153	1370	1655	2028	2581	3685	4730
青海省	2244	2285	2548	3126	3917	5112	6563	8739
宁夏回族自治区	2003	1824	2090	2689	3199	3965	5253	6918
新疆维吾尔自治区	1896	1905	2145	2582	3310	3795	4971	6239

表 3-9　1994~2001 年各地区人均财政支出排名

地区	1994 年	1995 年	1996 年	1997 年	1998 年	1999 年	2000 年	2001 年
北京市	5	5	5	4	4	4	2	2
天津市	6	7	7	7	7	6	6	6
河北省	26	26	26	26	28	28	28	29
山西省	23	22	23	23	23	25	25	25
内蒙古自治区	15	20	19	18	17	18	14	14
辽宁省（不含单列市）	10	10	9	12	12	11	11	12
大连市	7	6	6	6	6	7	7	8
吉林省	17	18	18	16	18	17	18	17
黑龙江省	18	16	17	20	19	16	16	16
上海市	3	3	3	1	1	1	1	1
江苏省	24	23	21	21	21	22	22	20
浙江省（不含单列市）	21	21	22	22	22	21	19	18
宁波市	13	8	8	8	8	8	8	7
安徽省	36	35	33	33	33	32	33	34
福建省（不含单列市）	18	17	20	19	20	20	20	23
厦门市	2	1	2	2	2	2	4	5
江西省	32	31	32	30	32	30	31	33
山东省（不含单列市）	30	26	24	24	23	23	27	28
青岛市	16	15	10	10	9	10	10	11
河南省	35	36	35	36	36	36	36	36
湖北省	28	29	29	28	26	27	29	27
湖南省	28	31	29	31	31	31	34	35
广东省（不含单列市）	12	9	14	9	11	12	13	15
深圳市	1	2	1	3	3	3	3	4
广西壮族自治区	25	25	28	29	30	32	30	30
海南省	8	13	15	15	16	19	21	20
重庆市	31	29	31	32	29	29	26	26
四川省	34	34	35	34	34	35	35	32
贵州省	33	33	34	35	35	34	32	31
云南省	11	12	13	11	15	15	17	18
西藏自治区	4	4	4	5	5	5	5	3
陕西省	27	28	27	27	27	26	23	22
甘肃省	22	24	25	25	25	24	24	24
青海省	9	11	12	13	10	9	9	9
宁夏回族自治区	20	19	16	17	13	14	12	10
新疆维吾尔自治区	14	14	11	14	14	13	15	13

表3-10 2002~2009年各地区人均财政支出排名

地区	2002年	2003年	2004年	2005年	2006年	2007年	2008年	2009年
北京市	3	3	2	3	2	2	3	3
天津市	7	7	7	7	7	7	7	6
河北省	29	28	28	27	29	28	33	34
山西省	25	22	21	20	15	19	20	22
内蒙古自治区	13	12	10	10	10	10	10	10
辽宁省（不含单列市）	14	14	14	12	14	13	14	13
大连市	8	8	8	8	8	8	8	9
吉林省	18	17	16	15	18	16	15	16
黑龙江省	17	18	17	18	19	18	18	18
上海市	1	1	1	1	1	1	1	2
江苏省	20	19	19	17	17	15	16	17
浙江省（不含单列市）	16	15	15	16	16	17	19	21
宁波市	6	6	6	6	6	6	6	7
安徽省	35	35	35	36	35	35	34	30
福建省（不含单列市）	26	26	26	28	28	31	35	32
厦门市	5	5	5	5	5	5	5	5
江西省	32	31	32	34	33	33	30	29
山东省（不含单列市）	27	27	27	26	26	26	31	35
青岛市	12	10	11	11	13	11	13	14
河南省	36	36	36	35	36	36	36	36
湖北省	30	30	30	31	27	27	27	27
湖南省	34	32	31	30	30	30	29	31
广东省（不含单列市）	15	16	18	19	20	21	25	26
深圳市	4	4	4	2	4	4	4	4
广西壮族自治区	28	29	33	33	34	34	32	33
海南省	21	21	20	21	23	20	17	15
重庆市	23	23	23	22	22	23	24	23
四川省	32	34	34	32	31	29	23	24
贵州省	31	33	29	29	32	32	28	28
云南省	19	20	22	23	25	25	26	25
西藏自治区	2	2	3	4	3	3	2	1
陕西省	22	25	24	24	21	22	21	19
甘肃省	24	24	25	25	24	24	22	20
青海省	9	9	9	9	9	9	9	8
宁夏回族自治区	10	13	13	13	12	12	11	11
新疆维吾尔自治区	11	11	12	14	11	14	12	12

3.4 对比分析

将上述实施集中增量再分配措施后人均地方财政支出差异情况，与不实施集中增量再分配措施情况下人均地方财政支出差异情况相比较可得，分税制财政管理体制通过主要从东部地区集中两税增量、所得税增量，对地方转移支付向中西部地区倾斜，有效地缩小了地区间人均财政支出的差异程度。差异系数缩小幅度由 1994 年的 22.7% 提高到 2009 年的 41.4%，基尼系数缩小幅度由 1994 年的 17% 提高到 2009 年的 44.2%（见图 3－3）。

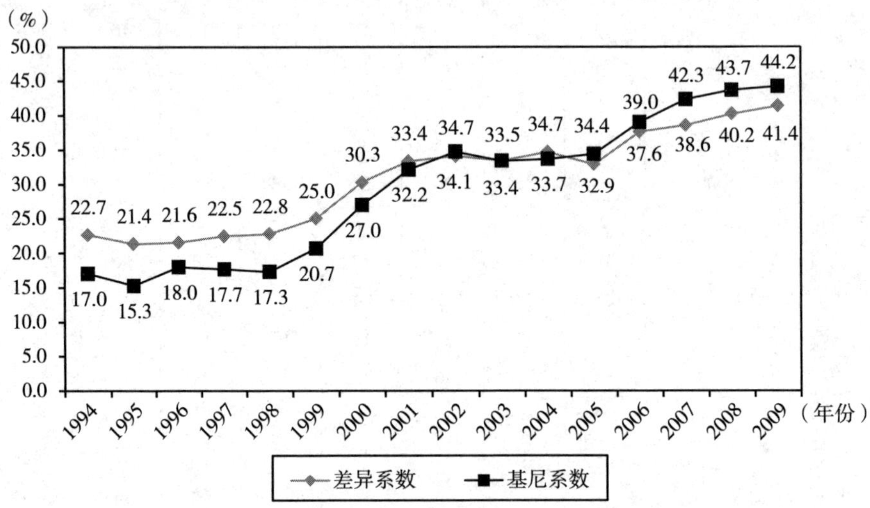

图 3－3　1994～2009 年各地区人均财政支出差异系数、基尼系数缩小百分比

需要注意的是，通过实施分税制财政管理体制改革，中央财政从部分地区，集中这些地区部分收入增量，用于对其他地区转移支付的做法，尽管从总体上看缩小了地区间财政支出水平差异，但并没有完全遵循“富者多取、穷者多予”的原则。以 2009 年为例，将各地区人均财政总收入（地方财政收入＋税收返还＋中央集中收入增量）按从高到低排列，同时列示各地区人均财政支出，见图 3－4。对部分地区给予转移支付增量较多，如西藏、青海、内蒙古、宁夏、新疆等民族地区，考虑到支出成本较高，财政资金再分配后其人均财政支出水平较高；如四川、甘肃由于汶川地震灾后恢复重建支出因素，其人均财政支出水平较高。福建、山东等地区人均财政总收入水平处于中间水平，但在再分配中是净贡献的地区，因此与人均财政总收入水平差不多的地区相比，人均财政支出水平较低。

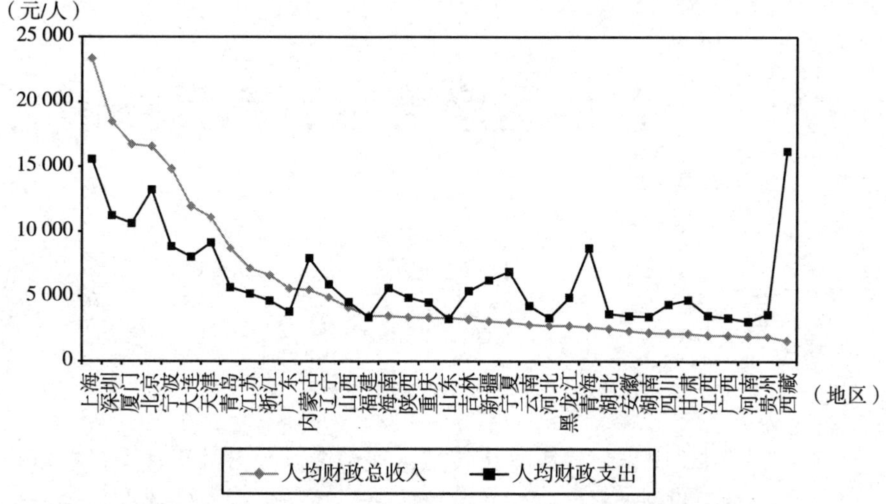

图 3－4　2009 年各地区人均财政总收入、人均财政支出情况

第4章

各地区净贡献、净受益情况

将中央财政历年从各地区集中增量与对其转移支付增量相比较，集中增量大于转移支付增量的为净贡献，转移支付增量大于集中增量的为净受益。

4.1 地方总体净贡献、净受益情况

分税制财政管理体制改革实施以来，中央财政既集中消费税、增值税两税增量和所得税增量，又将这些资金以转移支付的形式补助给各地区。从1994~2009年16年数据来看，将中央财政集中增量与转移支付增量相抵，地方财政是净受益的，净受益额11549.13亿元，相当于16年地方财政支出累计数额的3.6%。

从各年度情况看，有的年度地方财政净受益，有的年度净贡献。历年净受益率（净受益额相当于地方财政支出的比重）、净贡献率（净贡献额相当于地方财政收入+税收返还+中央集中增量的比重）见图4-1和图4-2。

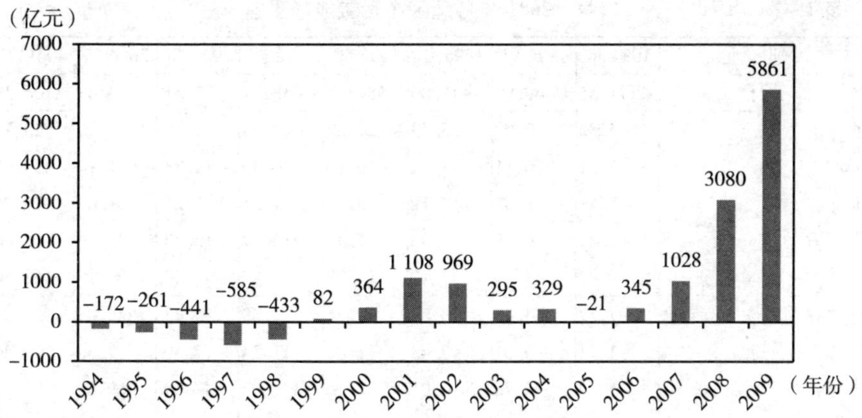

图 4－1　1994－2009 年地方财政净受益、净贡献数额

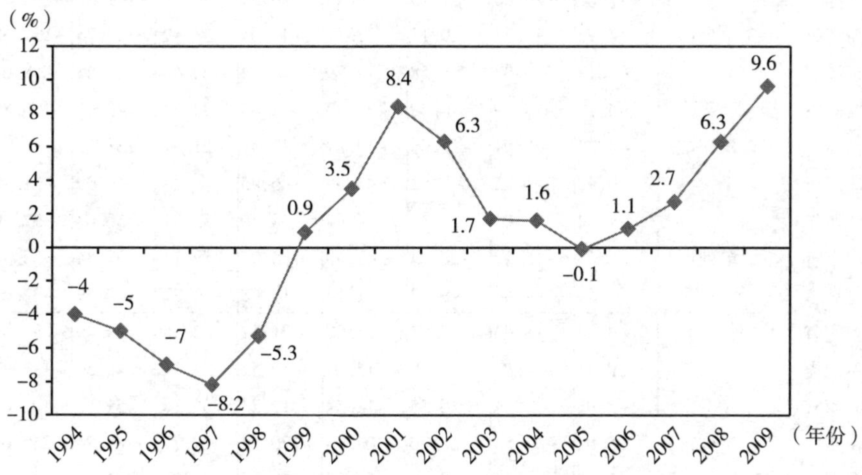

图 4－2　1994～2009 年地方财政净受益、净贡献率

4.2 各地区净贡献、净受益情况

从各地区情况看，1994～2009 年，36 个地区（包括省、自治区、直辖市和计划单列市，计划单列市与所在省分开测算）中，有 23 个地区净受益，累计净受益合计 51117.37 亿元，13 个地区净贡献，累计净贡献合计 39568.24 亿元（见表 4－1 至表 4－12）。净受益额、净贡献额，净受益率、净贡献率见图 4－3 和图 4－4。

表 4-1　　1994~2001 年各地区净贡献或净受益　　单位：亿元

地区	1994 年	1995 年	1996 年	1997 年	1998 年	1999 年	2000 年	2001 年
合计	-171.55	-260.89	-441.00	-584.71	-433.17	82.31	363.88	1108.38
北京市	-5.88	-9.92	-23.79	-23.87	-24.39	-5.99	-39.20	-29.72
天津市	-5.31	-10.11	-17.01	-16.06	-20.42	-19.93	-21.74	-33.67
河北省	-5.11	-7.35	-13.19	-22.63	-21.51	5.21	31.69	74.26
山西省	-3.31	-9.29	-13.96	-17.46	-15.17	13.39	33.46	66.66
内蒙古自治区	0.77	4.09	12.10	14.79	26.80	47.47	90.15	163.66
辽宁省（不含单列市）	-7.57	-4.42	0.85	-10.76	2.89	53.43	84.06	121.82
大连市	-1.71	-3.01	-5.48	-11.08	-11.34	-17.50	-17.50	-33.20
吉林省	-3.54	-4.70	-4.01	2.16	7.93	47.89	69.61	97.92
黑龙江省	-8.85	-15.63	-28.97	-33.95	-10.25	46.95	62.35	103.48
上海市	-21.45	-31.33	-64.80	-61.67	-80.88	-94.21	-117.82	-190.52
江苏省	-15.63	-26.88	-59.75	-74.44	-86.55	-98.03	-147.57	-208.37
浙江省（不含单列市）	-4.98	-12.78	-30.12	-37.11	-47.65	-58.59	-102.76	-121.60
宁波市	-2.19	-4.03	-8.58	-7.79	-14.22	-20.40	-37.55	-48.00
安徽省	-4.79	-8.49	-10.48	-20.39	-8.48	22.24	48.01	106.80
福建省（不含单列市）	-4.73	-8.64	-14.05	-17.81	-22.48	-21.51	-31.27	-36.72
厦门市	-0.92	-1.85	-3.82	-4.36	-6.98	-8.28	-19.99	-21.99
江西省	-1.84	-1.04	2.71	4.44	34.40	53.01	50.63	92.10
山东省（不含单列市）	-8.69	-15.12	-36.32	-47.49	-55.07	-50.14	-52.84	-53.48
青岛市	-2.54	-4.40	-9.57	-11.54	-16.68	-20.27	-20.39	-32.21
河南省	-4.04	-8.43	-17.03	-26.02	-21.32	22.96	44.49	90.52
湖北省	-0.11	-2.87	-1.39	-15.09	12.58	34.54	45.57	127.83
湖南省	-5.98	-9.24	0.35	-18.54	12.24	35.16	51.62	102.61
广东省（不含单列市）	-25.62	-41.84	-88.90	-107.95	-120.24	-137.77	-186.24	-269.65
深圳市	2.87	-0.46	-8.29	-12.38	-18.21	-23.86	-41.58	-62.46
广西壮族自治区	0.14	-0.78	7.20	1.42	7.93	21.53	40.14	87.98
海南省	0.21	0.95	1.66	2.00	3.46	7.35	12.44	19.06
重庆市	-2.29	-3.61	1.75	10.71	5.07	37.11	59.18	86.31
四川省	-4.15	-4.55	-0.49	-13.15	11.74	29.56	89.04	184.50
贵州省	-0.86	-0.28	2.25	0.73	5.97	29.45	55.45	100.92
云南省	-22.26	-22.72	-30.09	-33.74	-38.59	-19.03	19.37	88.31
西藏自治区	2.09	5.55	5.21	8.15	14.79	30.21	36.26	71.11
陕西省	-2.01	-2.21	-4.18	-4.91	4.32	28.75	89.46	118.18
甘肃省	-1.13	1.21	3.94	3.97	18.01	37.09	69.30	106.27
青海省	-0.21	1.03	3.96	6.39	11.88	24.44	35.74	70.85
宁夏回族自治区	0.10	0.72	0.70	1.66	8.71	16.77	29.59	52.28
新疆维吾尔自治区	-0.03	1.54	10.59	9.06	18.54	33.31	52.72	116.54

注：负数为净贡献，正数为净受益。

表4-2 2002~2009年各地区净贡献或净受益 单位：亿元

地区	2002年	2003年	2004年	2005年	2006年	2007年	2008年	2009年	16年合计
合计	969.21	295.13	328.76	-21.48	344.74	1028.27	3080.28	5860.97	11549.13
北京市	-82.33	-115.55	-163.55	-213.72	-268.75	-354.39	-487.95	-529.46	-2378.46
天津市	-55.56	-82.17	-115.52	-149.25	-187.56	-242.78	-292.03	-273.49	-1542.61
河北省	92.23	81.41	65.99	40.71	105.67	165.50	231.03	388.88	1212.79
山西省	72.08	57.88	50.05	-0.16	28.49	43.45	5.50	190.02	501.63
内蒙古自治区	197.20	161.36	243.22	212.07	247.65	340.71	375.37	517.91	2655.32
辽宁省（不含单列市）	99.76	115.04	117.20	120.36	176.01	212.34	273.60	341.16	1695.77
大连市	-36.07	-44.86	-47.09	-51.32	-61.26	-85.21	-108.90	-214.20	-749.73
吉林省	115.34	145.59	171.61	219.90	250.25	353.28	424.79	540.25	2434.27
黑龙江省	127.61	124.53	210.53	249.90	302.56	482.51	612.39	801.33	3026.49
上海市	-306.73	-458.23	-599.51	-717.21	-860.86	-1126.12	-1301.75	-1473.78	-7506.87
江苏省	-276.68	-372.20	-537.23	-667.94	-837.15	-1136.73	-1343.04	-1451.40	-7339.59
浙江省（不含单列市）	-189.52	-275.12	-342.39	-424.22	-541.73	-683.71	-767.36	-806.86	-4446.50
宁波市	-68.82	-93.41	-111.51	-140.17	-175.04	-236.33	-252.85	-330.94	-1551.83
安徽省	98.27	113.89	123.44	129.13	209.11	330.87	458.57	608.65	2196.35
福建省（不含单列市）	-50.15	-63.17	-73.85	-88.25	-86.96	-99.57	-79.39	-36.93	-735.48
厦门市	-25.09	-35.93	-48.54	-58.22	-77.98	-101.37	-121.74	-131.40	-668.46
江西省	119.39	118.84	160.60	191.55	251.66	357.99	497.49	647.65	2579.58
山东省（不含单列市）	-59.49	-67.39	-104.64	-133.63	-154.40	-194.41	-156.10	-55.14	-1244.35
青岛市	-40.98	-52.89	-62.69	-74.95	-96.42	-127.72	-145.82	-200.29	-919.36
河南省	124.81	146.56	195.04	244.87	368.46	528.05	702.12	1052.36	3443.40
湖北省	117.71	109.49	155.05	162.06	275.86	360.19	503.54	666.64	2551.60
湖南省	143.65	138.13	206.24	208.14	309.49	431.33	609.99	791.49	3006.68
广东省（不含单列市）	-332.68	-428.59	-559.83	-678.34	-853.86	-1096.42	-1263.76	-1368.48	-7560.17
深圳市	-114.10	-151.16	-194.24	-259.26	-337.24	-476.87	-588.64	-638.95	-2924.83
广西壮族自治区	98.45	101.33	138.71	172.19	230.80	355.36	489.79	635.36	2387.55
海南省	26.67	31.43	37.64	43.56	56.44	78.61	143.61	143.39	608.48
重庆市	120.11	87.94	107.72	121.62	167.20	197.78	260.61	363.81	1621.02
四川省	227.95	196.41	288.50	315.39	416.39	608.13	1457.99	1847.86	5651.12
贵州省	121.33	110.64	149.78	171.86	200.80	339.28	458.84	604.05	2350.21
云南省	88.49	99.19	100.77	113.48	146.09	245.78	320.69	540.69	1596.43
西藏自治区	102.90	104.70	106.54	161.52	174.68	253.73	321.80	430.06	1829.30
陕西省	132.33	116.71	168.69	168.87	189.26	296.83	411.63	472.02	2183.74
甘肃省	113.21	118.98	165.25	186.67	241.06	329.99	556.90	594.54	2545.26
青海省	73.96	68.36	97.08	117.80	139.14	185.60	255.89	332.20	1424.11
宁夏回族自治区	64.24	48.14	67.80	84.62	98.96	145.20	177.12	237.28	1033.89
新疆维吾尔自治区	129.72	139.25	161.90	198.89	297.92	347.39	440.35	624.69	2582.38

注：负数为净贡献，正数为净受益。

表 4-3　　1994～2001 年各地区净贡献或净受益排名

地区	1994 年	1995 年	1996 年	1997 年	1998 年	1999 年	2000 年	2001 年
北京市	28	28	29	28	30	23	30	25
天津市	27	29	27	22	26	27	27	28
河北省	26	22	24	27	28	22	20	18
山西省	19	27	25	23	23	20	19	21
内蒙古自治区	3	2	1	1	2	4	1	2
辽宁省（不含单列市）	30	19	11	16	17	1	4	4
大连市	13	15	19	17	21	25	24	27
吉林省	20	21	17	8	11	3	5	12
黑龙江省	32	32	30	31	20	5	7	9
上海市	34	35	35	34	34	34	34	34
江苏省	33	34	34	35	35	35	35	35
浙江省（不含单列市）	25	30	32	32	32	33	33	33
宁波市	16	17	21	15	22	29	29	30
安徽省	24	24	23	26	19	17	13	7
福建省（不含单列市）	23	25	26	24	29	30	28	29
厦门市	11	12	16	13	18	24	25	24
江西省	14	11	7	6	1	2	12	13
山东省（不含单列市）	31	31	33	33	33	32	32	31
青岛市	18	18	22	18	24	28	26	26
河南省	21	23	28	29	27	16	15	14
湖北省	8	14	15	21	6	9	14	3
湖南省	29	26	13	25	7	8	11	10
广东省（不含单列市）	36	36	36	36	36	36	36	36
深圳市	1	9	20	19	25	31	31	32
广西壮族自治区	5	10	3	11	11	18	16	16
海南省	4	6	10	9	16	21	23	23
重庆市	17	16	9	2	14	6	8	17
四川省	22	20	14	20	9	12	3	1
贵州省	10	8	8	12	13	13	9	11
云南省	35	33	31	30	31	26	22	15
西藏自治区	2	1	4	4	5	11	17	19
陕西省	15	13	18	14	15	14	2	5
甘肃省	12	4	6	7	4	7	6	8
青海省	9	5	5	5	8	15	18	20
宁夏回族自治区	6	7	12	10	10	19	21	22
新疆维吾尔自治区	7	3	2	3	3	10	10	6

注：受益额最大的排第 1 名，贡献额最大的排第 36 名。

表 4－4　　2002～2009 年各地区净贡献或净受益排名

地区	2002 年	2003 年	2004 年	2005 年	2006 年	2007 年	2008 年	2009 年	16 年合计
北京市	31	31	31	31	31	31	31	31	31
天津市	28	29	30	30	30	30	30	29	29
河北省	18	19	21	22	20	20	20	17	20
山西省	21	21	22	23	23	23	23	22	23
内蒙古自治区	2	2	2	5	9	10	14	14	5
辽宁省（不含单列市）	15	11	15	17	15	17	17	19	16
大连市	25	25	24	24	24	24	25	28	26
吉林省	12	4	6	4	8	8	12	13	10
黑龙江省	6	7	3	2	4	3	3	3	3
上海市	35	36	36	36	36	35	35	36	35
江苏省	34	34	34	34	34	36	36	35	34
浙江省（不含单列市）	33	33	33	33	33	33	33	33	33
宁波市	30	30	29	29	29	29	29	30	30
安徽省	17	12	14	15	12	12	10	9	13
福建省（不含单列市）	27	27	27	27	26	25	24	24	25
厦门市	24	24	25	25	25	26	26	26	24
江西省	10	9	10	8	7	6	7	6	7
山东省（不含单列市）	29	28	28	28	28	28	28	25	28
青岛市	26	26	26	26	27	27	27	27	27
河南省	7	3	5	3	2	2	2	2	2
湖北省	11	14	11	13	6	5	6	5	8
湖南省	3	6	4	6	3	4	4	4	4
广东省（不含单列市）	36	35	35	35	35	34	34	34	36
深圳市	32	32	32	32	32	32	32	32	32
广西壮族自治区	16	16	13	10	11	7	8	7	11
海南省	23	23	23	21	22	22	22	23	22
重庆市	9	18	16	16	17	18	18	18	17
四川省	1	1	1	1	1	1	1	1	1
贵州省	8	13	12	11	13	11	9	10	12
云南省	19	17	18	19	18	16	16	12	18
西藏自治区	14	15	17	14	16	15	15	16	15
陕西省	4	10	7	12	14	14	13	15	14
甘肃省	13	8	8	9	10	13	5	11	9
青海省	20	20	19	18	19	19	19	20	19
宁夏回族自治区	22	22	20	20	21	21	21	21	21
新疆维吾尔自治区	5	5	9	7	5	9	11	8	6

注：受益额最大的排第 1 名，贡献额最大的排第 36 名。

表4-5　1994~2001年各地区净贡献率或净受益率　单位:%

地区	1994年	1995年	1996年	1997年	1998年	1999年	2000年	2001年
合计	-4.0	-5.0	-7.0	-8.2	-5.3	0.9	3.5	8.4
北京市	-4.9	-5.0	-9.7	-8.5	-7.2	-1.5	-8.2	-4.8
天津市	-5.4	-8.4	-12.1	-10.5	-11.9	-10.5	-9.6	-11.9
河北省	-2.9	-3.6	-5.3	-7.9	-6.6	1.5	7.6	14.4
山西省	-3.5	-7.6	-9.8	-11.2	-8.8	7.2	14.9	23.0
内蒙古自治区	0.8	4.0	9.6	10.3	15.7	23.8	36.5	51.3
辽宁省（不含单列市）	-3.4	-1.8	0.3	-3.8	0.9	14.3	19.9	23.4
大连市	-3.0	-4.4	-6.9	-12.3	-11.1	-15.7	-13.7	-20.4
吉林省	-3.6	-4.1	-3.0	1.3	4.2	20.4	26.7	30.0
黑龙江省	-6.1	-8.8	-13.8	-14.7	-4.0	13.8	16.3	21.6
上海市	-6.4	-7.7	-12.6	-10.8	-12.4	-13.1	-14.3	-19.0
江苏省	-5.5	-7.9	-13.9	-15.4	-15.6	-15.7	-18.6	-21.0
浙江省（不含单列市）	-3.1	-6.7	-13.3	-14.7	-15.5	-16.0	-20.4	-18.6
宁波市	-5.8	-8.4	-14.0	-11.7	-17.9	-21.6	-29.0	-27.4
安徽省	-4.5	-6.0	-5.7	-9.1	-3.3	7.7	14.8	26.4
福建省（不含单列市）	-3.9	-5.8	-8.1	-9.0	-10.0	-8.8	-11.3	-11.6
厦门市	-3.5	-5.5	-9.2	-9.7	-13.0	-13.1	-23.0	-20.9
江西省	-2.2	-1.0	2.1	3.0	19.6	25.5	22.7	32.5
山东省（不含单列市）	-4.4	-6.1	-11.0	-12.3	-12.0	-9.8	-9.1	-7.8
青岛市	-5.2	-7.4	-13.2	-13.9	-16.7	-17.9	-16.1	-20.5
河南省	-2.3	-3.9	-6.4	-8.6	-6.2	6.0	10.0	17.8
湖北省	-0.1	-1.7	-0.7	-6.4	4.5	10.3	12.4	26.4
湖南省	-3.7	-4.8	0.2	-7.8	4.5	11.2	14.8	23.8
广东省（不含单列市）	-6.6	-8.7	-15.6	-16.8	-16.1	-15.7	-17.8	-19.8
深圳市	3.8	-0.4	-5.2	-7.0	-8.8	-10.2	-14.1	-17.3
广西壮族自治区	0.1	-0.6	4.6	0.8	4.0	9.6	15.5	25.0
海南省	0.5	2.2	3.7	4.2	6.3	12.9	19.4	24.1
重庆市	-4.4	-5.8	3.4	10.6	4.0	24.7	31.5	36.3
四川省	-2.2	-2.1	-0.2	-4.9	3.7	8.1	19.7	31.1
贵州省	-1.3	-0.4	2.3	0.7	4.5	17.3	27.5	36.7
云南省	-10.2	-9.3	-10.5	-10.6	-10.8	-5.2	4.7	17.8
西藏自治区	6.9	15.9	14.1	21.3	32.6	56.7	60.5	68.0
陕西省	-2.5	-2.4	-3.7	-3.8	2.6	13.9	32.9	33.8
甘肃省	-1.8	1.5	4.3	3.8	14.4	25.1	36.8	45.1
青海省	-1.5	3.6	12.1	17.5	26.9	43.9	52.4	69.9
宁夏回族自治区	0.5	3.1	2.4	4.9	19.3	33.9	48.6	55.9
新疆维吾尔自治区	-0.1	1.6	9.2	7.3	12.7	20.0	27.6	44.3

注：负数为净贡献，正数为净受益。

表 4－6　2002～2009 年各地区净贡献率或净受益率　单位:%

地区	2002 年	2003 年	2004 年	2005 年	2006 年	2007 年	2008 年	2009 年	16 年合计
合计	6.3	1.7	1.6	-0.1	1.1	2.7	6.3	9.6	3.6
北京市	-11.0	-13.2	-15.0	-16.3	-16.8	-17.1	-18.9	-18.2	-15.0
天津市	-16.9	-20.4	-23.1	-23.9	-24.3	-25.0	-24.6	-20.1	-20.5
河北省	16.0	12.6	8.5	4.2	9.0	11.0	12.3	16.6	9.8
山西省	21.6	13.9	9.7	0.0	3.1	4.1	0.4	12.2	6.2
内蒙古自治区	50.1	36.1	43.4	31.1	30.5	31.5	25.8	26.9	30.3
辽宁省（不含单列市）	17.8	18.1	15.6	12.1	15.2	15.0	15.7	15.4	14.1
大连市	-20.4	-22.2	-20.9	-19.8	-19.3	-20.4	-21.0	-30.7	-20.8
吉林省	31.8	35.6	33.8	34.8	34.8	40.0	36.0	36.5	31.5
黑龙江省	24.0	22.0	30.2	31.7	31.2	40.6	39.7	42.7	29.2
上海市	-24.1	-27.8	-28.9	-29.1	-30.9	-31.6	-32.1	-32.9	-27.4
江苏省	-23.2	-25.1	-27.8	-28.2	-28.4	-29.2	-28.6	-26.2	-25.7
浙江省（不含单列市）	-22.7	-26.0	-26.9	-27.9	-29.3	-29.6	-28.6	-26.4	-25.8
宁波市	-30.7	-32.9	-32.7	-34.4	-35.6	-37.3	-35.3	-39.1	-33.5
安徽省	21.5	22.4	21.0	18.1	22.2	26.6	27.8	28.4	21.7
福建省（不含单列市）	-14.3	-15.6	-15.4	-15.7	-12.8	-11.7	-7.9	-3.1	-10.2
厦门市	-21.6	-26.4	-30.8	-30.7	-31.3	-31.2	-31.8	-31.2	-27.5
江西省	35.0	31.1	36.3	34.0	36.1	39.6	41.1	41.5	34.5
山东省（不含单列市）	-7.6	-7.3	-9.3	-9.4	-8.7	-9.0	-6.2	-1.9	-7.3
青岛市	-22.2	-24.1	-24.5	-24.6	-25.3	-26.4	-26.1	-30.1	-24.1
河南省	19.8	20.5	22.2	21.9	25.6	28.2	30.8	36.2	23.9
湖北省	23.0	20.3	24.2	20.8	26.3	28.2	30.5	31.9	23.8
湖南省	27.0	24.1	29.6	23.8	29.1	31.8	34.6	35.8	26.8
广东省（不含单列市）	-21.4	-24.1	-27.1	-27.8	-29.1	-29.8	-29.3	-28.0	-25.4
深圳市	-25.0	-28.2	-30.5	-33.6	-35.8	-38.4	-39.1	-38.8	-31.2
广西壮族自治区	23.4	22.8	27.5	28.2	31.6	36.0	37.8	39.2	29.0
海南省	28.9	29.8	29.1	28.8	32.3	32.1	40.1	29.5	28.0
重庆市	39.3	25.7	26.9	25.0	28.1	25.7	25.7	28.2	26.4
四川省	32.5	26.8	32.8	29.1	30.9	34.6	49.4	51.5	35.9
贵州省	38.3	33.3	35.9	33.0	32.9	42.7	43.5	44.0	35.8
云南省	16.8	16.9	15.2	14.8	16.3	21.7	21.8	27.7	15.0
西藏自治区	74.6	71.8	80.8	87.1	87.3	92.1	84.5	91.5	78.5
陕西省	32.7	27.9	33.1	26.4	23.0	28.2	28.8	25.6	25.5
甘肃省	41.3	39.7	46.0	43.5	45.6	48.9	57.5	47.7	43.7
青海省	62.3	56.0	70.7	69.4	64.8	65.8	70.4	68.2	62.2
宁夏回族自治区	56.1	45.5	55.2	52.8	51.2	60.0	54.6	54.9	50.4
新疆维吾尔自治区	35.9	37.8	38.5	38.3	43.9	43.7	41.6	46.4	38.4

注：负数为净贡献，正数为净受益。

表 4－7　　1994～2001 年各地区净贡献率或净受益率排名

地区	1994 年	1995 年	1996 年	1997 年	1998 年	1999 年	2000 年	2001 年
北京市	28	21	25	20	22	23	24	24
天津市	30	32	29	25	28	28	26	27
河北省	16	16	19	19	21	22	22	23
山西省	20	29	26	28	23	20	17	19
内蒙古自治区	3	2	3	4	5	7	5	4
辽宁省（不含单列市）	19	13	12	13	17	11	12	18
大连市	17	19	22	30	27	31	28	32
吉林省	22	18	16	10	12	8	10	12
黑龙江省	33	35	33	33	19	13	15	20
上海市	34	30	30	27	30	29	30	30
江苏省	31	31	34	35	33	31	33	35
浙江省（不含单列市）	18	27	32	33	32	34	34	29
宁波市	32	32	35	29	36	36	36	36
安徽省	27	25	20	23	18	19	18	13
福建省（不含单列市）	24	23	23	22	25	25	27	26
厦门市	20	22	24	24	31	29	35	34
江西省	12	11	11	9	3	4	11	10
山东省（不含单列市）	25	26	28	30	29	26	25	25
青岛市	29	28	31	32	35	35	31	33
河南省	14	17	21	21	20	21	21	21
湖北省	7	12	15	16	9	16	20	13
湖南省	23	20	13	18	9	15	18	17
广东省（不含单列市）	35	34	36	36	34	31	32	31
深圳市	2	8	18	17	23	27	29	28
广西壮族自治区	6	10	5	11	13	17	16	15
海南省	4	5	7	7	8	14	14	16
重庆市	25	23	8	3	13	6	7	8
四川省	12	14	14	15	15	18	13	11
贵州省	9	8	10	12	9	10	9	7
云南省	36	36	27	26	26	24	23	21
西藏自治区	1	1	1	1	1	1	1	2
陕西省	15	15	17	13	16	12	6	9
甘肃省	11	7	6	8	6	5	4	5
青海省	10	3	2	2	2	2	2	1
宁夏回族自治区	4	4	9	6	4	3	3	3
新疆维吾尔自治区	7	6	4	5	7	9	8	6

注：净受益率最大的排第 1 名，净贡献率最大的排第 36 名。

表 4-8　　2002~2009 年各地区净贡献率或净受益率排名

地区	2002 年	2003 年	2004 年	2005 年	2006 年	2007 年	2008 年	2009 年	16 年合计
北京市	25	25	25	26	26	26	26	26	26
天津市	27	27	28	28	28	28	28	27	27
河北省	23	23	23	22	22	22	22	21	22
山西省	18	22	22	23	23	23	23	23	23
内蒙古自治区	4	6	5	10	13	14	18	19	10
辽宁省（不含单列市）	21	20	20	21	21	21	21	22	21
大连市	28	28	27	27	27	27	27	32	28
吉林省	12	7	9	6	7	8	12	11	9
黑龙江省	15	17	12	9	11	7	10	8	11
上海市	34	34	33	33	33	34	34	34	33
江苏省	33	31	32	32	30	30	30	28	31
浙江省（不含单列市）	32	32	30	31	32	31	30	29	32
宁波市	36	36	36	36	35	35	35	36	36
安徽省	19	16	19	19	19	18	17	16	19
福建省（不含单列市）	26	26	26	25	25	25	25	25	25
厦门市	30	33	35	34	34	33	33	33	34
江西省	9	9	7	7	6	9	8	9	8
山东省（不含单列市）	24	24	24	24	24	24	24	24	24
青岛市	31	29	29	29	29	29	29	31	29
河南省	20	18	18	17	17	15	14	12	17
湖北省	17	19	17	18	16	15	15	14	18
湖南省	14	14	13	16	14	13	13	13	14
广东省（不含单列市）	29	29	31	30	31	32	32	30	30
深圳市	35	35	34	35	36	36	36	35	35
广西壮族自治区	16	15	15	13	10	10	11	10	12
海南省	13	10	14	12	9	12	9	15	13
重庆市	6	13	16	15	15	19	19	17	15
四川省	11	12	11	11	12	11	5	4	6
贵州省	7	8	8	8	8	6	6	7	7
云南省	22	21	21	20	20	20	20	18	20
西藏自治区	1	1	1	1	1	1	1	1	1
陕西省	10	11	10	14	18	15	16	20	16
甘肃省	5	4	4	4	4	4	3	5	4
青海省	2	2	2	2	2	2	2	2	2
宁夏回族自治区	3	3	3	3	3	3	4	3	3
新疆维吾尔自治区	8	5	6	5	5	5	7	6	5

注：净受益率最大的排第 1 名，净贡献率最大的排第 36 名。

表 4-9　　1994~2001 年各地区人均净贡献或净受益额　　单位：元/人

地区	1994 年	1995 年	1996 年	1997 年	1998 年	1999 年	2000 年	2001 年
北京市	-52	-79	-189	-193	-196	-48	-287	-215
天津市	-57	-107	-179	-169	-213	-208	-217	-335
河北省	-8	-11	-20	-35	-33	8	47	111
山西省	-11	-30	-45	-56	-48	42	103	204
内蒙古自治区	3	18	52	64	114	201	380	689
辽宁省（不含单列市）	-21	-12	2	-30	8	147	231	335
大连市	-32	-56	-102	-205	-209	-321	-318	-598
吉林省	-14	-18	-15	8	30	180	260	364
黑龙江省	-24	-42	-78	-91	-27	124	164	272
上海市	-158	-221	-457	-423	-552	-639	-733	-1180
江苏省	-22	-38	-84	-104	-121	-136	-201	-283
浙江省（不含单列市）	-13	-33	-78	-95	-122	-149	-248	-293
宁波市	-42	-77	-162	-146	-266	-379	-694	-884
安徽省	-8	-14	-18	-34	-14	37	79	174
福建省（不含单列市）	-15	-28	-45	-56	-71	-67	-98	-114
厦门市	-77	-153	-311	-349	-550	-642	-975	-1042
江西省	-5	-3	7	11	82	125	122	220
山东省（不含单列市）	-11	-19	-45	-59	-68	-61	-64	-64
青岛市	-37	-64	-139	-166	-238	-288	-288	-454
河南省	-4	-9	-19	-28	-23	24	47	95
湖北省	0	-5	-2	-26	21	58	76	214
湖南省	-9	-14	1	-29	19	54	79	156
广东省（不含单列市）	-38	-60	-127	-153	-162	-183	-234	-337
深圳市	69	-10	-172	-234	-314	-377	-593	-862
广西壮族自治区	0	-2	16	3	17	46	84	184
海南省	3	13	23	27	46	96	158	239
重庆市	-15	-24	11	37	18	130	208	305
四川省	-4	-5	0	-16	14	35	104	214
贵州省	-2	-1	6	2	16	79	148	266
云南省	-57	-57	-74	-82	-93	-45	46	206
西藏自治区	89	231	214	329	587	1180	1395	2704
陕西省	-6	-6	-12	-14	12	79	245	323
甘肃省	-5	5	16	16	71	146	271	413
青海省	-4	21	81	129	236	479	691	1355
宁夏回族自治区	2	14	13	31	162	309	534	929
新疆维吾尔自治区	0	9	63	53	106	188	285	621

注：负数为净贡献，正数为净受益。

表4-10 2002~2009年各地区人均净贡献或净受益额 单位：元/人

地区	2002年	2003年	2004年	2005年	2006年	2007年	2008年	2009年
北京市	-579	-794	-1095	-1390	-1700	-2170	-2879	-3017
天津市	-552	-813	-1128	-1431	-1745	-2177	-2483	-2227
河北省	137	120	97	59	153	238	331	553
山西省	219	175	150	0	84	128	16	554
内蒙古自治区	829	678	1020	889	1035	1417	1555	2138
辽宁省（不含单列市）	274	315	321	329	476	571	733	914
大连市	-646	-801	-838	-908	-1071	-1474	-1868	-3662
吉林省	427	538	633	810	919	1294	1554	1972
黑龙江省	335	326	552	654	791	1262	1601	2094
上海市	-1888	-2678	-3442	-4034	-4743	-6061	-6895	-7672
江苏省	-375	-503	-723	-894	-1109	-1491	-1749	-1879
浙江省（不含单列市）	-453	-653	-806	-977	-1226	-1521	-1686	-1751
宁波市	-1260	-1701	-2016	-2517	-3120	-4183	-4452	-5796
安徽省	160	185	198	211	342	541	747	993
福建省（不含单列市）	-154	-193	-224	-267	-262	-298	-237	-109
厦门市	-1172	-1656	-2206	-2588	-3347	-4172	-4889	-5214
江西省	283	279	375	444	580	820	1131	1461
山东省（不含单列市）	-71	-80	-124	-157	-180	-226	-180	-63
青岛市	-572	-734	-858	-1011	-1287	-1685	-1914	-2625
河南省	130	152	201	261	392	564	745	1109
湖北省	197	182	258	284	485	632	882	1165
湖南省	217	207	308	329	488	679	956	1236
广东省（不含单列市）	-411	-524	-674	-811	-1010	-1277	-1458	-1565
深圳市	-1527	-1943	-2425	-3131	-3986	-5532	-6712	-7171
广西壮族自治区	204	209	284	370	489	745	1017	1308
海南省	332	388	460	526	675	930	1682	1660
重庆市	427	314	386	435	595	702	918	1273
四川省	263	226	331	384	510	748	1792	2258
贵州省	316	286	384	461	534	902	1210	1590
云南省	204	227	228	255	326	544	706	1183
西藏自治区	3854	3878	3888	5831	6216	8934	11213	14830
陕西省	360	316	455	454	507	792	1094	1251
甘肃省	437	457	631	720	925	1261	2119	2256
青海省	1398	1280	1801	2169	2539	3362	4619	5964
宁夏回族自治区	1123	830	1153	1420	1638	2380	2866	3796
新疆维吾尔自治区	681	720	825	990	1453	1658	2066	2893

注：负数为净贡献，正数为净受益。

表 4-11　1994~2001 年各地区人均净贡献额或净受益额排名

地区	1994 年	1995 年	1996 年	1997 年	1998 年	1999 年	2000 年	2001 年
北京市	32	33	34	32	29	24	30	26
天津市	33	34	33	31	31	30	27	29
河北省	16	16	20	20	21	22	21	22
山西省	19	24	21	21	22	18	16	18
内蒙古自治区	3	3	4	3	4	4	4	4
辽宁省（不含单列市）	25	17	12	18	17	7	9	8
大连市	28	28	28	33	30	32	32	32
吉林省	22	20	17	10	9	6	7	7
黑龙江省	27	27	25	25	20	11	11	11
上海市	36	36	36	36	36	35	35	36
江苏省	26	26	27	27	26	27	26	27
浙江省（不含单列市）	21	25	25	26	27	28	29	28
宁波市	31	32	31	28	33	34	34	34
安徽省	16	18	18	19	18	19	18	20
福建省（不含单列市）	23	23	21	21	24	26	25	25
厦门市	35	35	35	35	35	36	36	35
江西省	13	10	10	9	6	10	14	14
山东省（不含单列市）	19	21	21	23	23	25	24	24
青岛市	29	31	30	30	32	31	31	31
河南省	10	14	19	16	19	21	21	23
湖北省	6	11	15	15	10	15	20	15
湖南省	18	18	13	17	11	16	18	21
广东省（不含单列市）	30	30	29	29	28	29	28	30
深圳市	2	15	32	34	34	33	33	33
广西壮族自治区	6	9	6	11	13	17	17	19
海南省	3	5	5	7	8	12	12	13
重庆市	23	22	9	5	12	9	10	10
四川省	10	11	14	14	15	20	15	15
贵州省	9	8	11	12	14	13	13	12
云南省	33	29	24	24	25	23	23	17
西藏自治区	1	1	1	1	1	1	1	1
陕西省	15	13	16	13	16	13	8	9
甘肃省	13	7	6	8	7	8	6	6
青海省	10	2	2	2	2	2	2	2
宁夏回族自治区	5	4	8	6	3	3	3	3
新疆维吾尔自治区	6	6	3	4	5	5	5	5

注：人均净受益额最大的排第 1 名，净贡献额最大的排第 36 名。

表4-12 2002~2009年各地区人均净贡献额或净受益额排名

地区	2002年	2003年	2004年	2005年	2006年	2007年	2008年	2009年
北京市	31	30	31	31	31	31	32	31
天津市	29	32	32	32	32	32	31	29
河北省	22	23	23	22	22	22	22	23
山西省	16	21	22	23	23	23	23	22
内蒙古自治区	4	5	4	5	5	5	9	7
辽宁省（不含单列市）	14	11	15	16	18	18	20	21
大连市	32	31	29	28	27	27	29	32
吉林省	7	6	6	6	7	6	10	9
黑龙江省	10	9	8	8	8	7	8	8
上海市	36	36	36	36	36	36	36	36
江苏省	26	26	27	27	28	28	28	28
浙江省（不含单列市）	28	28	28	29	29	29	27	27
宁波市	34	34	33	33	33	34	33	34
安徽省	21	19	21	21	20	21	18	20
福建省（不含单列市）	25	25	25	25	25	25	25	25
厦门市	33	33	34	34	34	33	34	33
江西省	13	14	13	12	11	11	12	12
山东省（不含单列市）	24	24	24	24	24	24	24	24
青岛市	30	29	30	30	30	30	30	30
河南省	23	22	20	19	19	19	19	19
湖北省	20	20	18	18	17	17	17	18
湖南省	17	18	16	16	16	16	15	16
广东省（不含单列市）	27	27	26	26	26	26	26	26
深圳市	35	35	35	35	35	35	35	35
广西壮族自治区	18	17	17	15	15	14	14	13
海南省	11	8	9	9	9	9	7	10
重庆市	7	12	11	13	10	15	16	14
四川省	15	16	14	14	13	13	6	5
贵州省	12	13	12	10	12	10	11	11
云南省	18	15	19	20	21	20	21	17
西藏自治区	1	1	1	1	1	1	1	1
陕西省	9	10	10	11	14	12	13	15
甘肃省	6	7	7	7	6	8	4	6
青海省	2	2	2	2	2	2	2	2
宁夏回族自治区	3	3	3	3	3	3	3	3
新疆维吾尔自治区	5	4	5	4	4	4	5	4

注：人均净受益额最大的排第1名，净贡献额最大的排第36名。

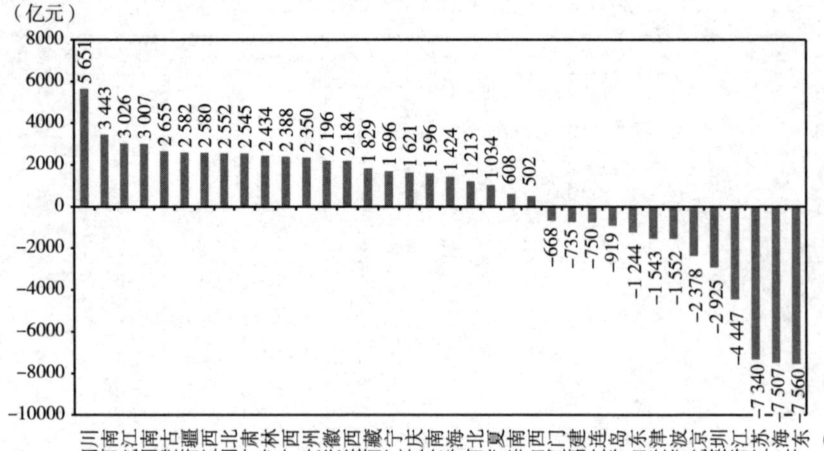

图 4-3 1994~2009 年各地区净受益额、净贡献额

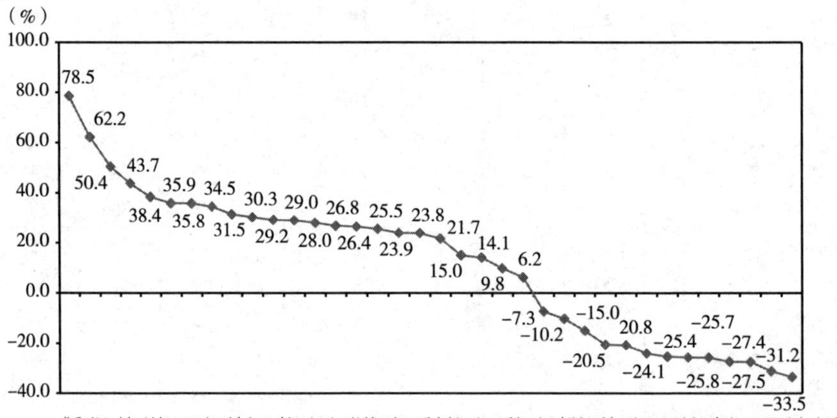

图 4-4 1994~2009 年各地区净受益率、净贡献率

第3篇

研究总结

分税制实施20年有余，笔者认为，正确选择与实际各地区人均财政支出差异水平的比较基础是确认分税制政策实施绩效的关键。这一比较基础应当是假定维持原有体制，按此计算的不实施分税制的各地区人均财政支出差异水平。按此思路，笔者以基尼系数计量分税制政策均等化实施的效果水平，基尼系数由1994年的2.8%提高到2009年的42.7%。

第5章

分税制均衡地区间财政支出效果评价总结

分税制财政管理体制集中地方部分收入增量进行地区间再分配。1994~2009年，中央财政从广东等13个地区集中收入增量39100.32亿元，加上中央财政自有收入增量11527.17亿元，对四川等23个地区转移支付增量增加50627.49亿元。分税制财政管理体制集中收入增量再分配政策措施后，地区间人均财政支出差异程度明显缩小，有效地推进了地区间财政能力的均等化。

分税制实施之初，1993年各地区的财政收入，财政支出以及以人口口径测度出的人均财政收入与人均财政支出数据见表5-1。

表 5-1　　1993 年各地区人均财政收入、人均财政支出情况

	财政收入（亿元）	财政支出（亿元）	总人口（万人）	人均财政收入（元/人）	人均财政支出（元/人）
合计	3391.44	3330.24	118074		
北京市	86.20	82.81	1112	775	745
天津市	74.96	51.27	928	808	552
河北省	144.21	142.26	6334	228	225
山西省	72.42	75.71	3012	240	251
内蒙古自治区	56.12	88.28	2232	251	396
辽宁省（不含单列市）	170.51	150.33	3515	485	428
大连市	43.21	30.76	527	820	584
吉林省	79.82	103.11	2555	312	404
黑龙江省	108.11	124.94	3640	297	343
上海市	232.77	119.66	1349	1725	887
江苏省	221.30	163.87	6967	318	235
浙江省（不含单列市）	138.39	106.98	3815	363	280
宁波市	28.24	18.06	520	543	347
安徽省	73.21	72.01	5825	126	124
福建省（不含单列市）	91.22	100.54	3033	301	332
厦门市	19.36	13.34	117	1654	1140
江西省	65.67	81.90	3966	166	207
山东省（不含单列市）	154.22	166.59	7967	194	209
青岛市	40.17	21.77	675	595	323
河南省	139.20	147.73	8946	156	165
湖北省	115.07	114.58	5653	204	203
湖南省	127.56	132.03	6246	204	211
广东省（不含单列市）	279.31	271.94	6680	418	407
深圳市	67.25	59.33	336	2002	1766
广西壮族自治区	95.93	107.49	4438	216	242
海南省	29.12	38.52	701	415	550
重庆市	44.56	29.17	1500	297	194
四川省	157.95	180.44	9604	164	188
贵州省	56.50	67.39	3409	166	198
云南省	204.94	200.62	3885	528	516
西藏自治区	1.56	21.60	232	67	931
陕西省	62.90	75.40	3443	183	219
甘肃省	52.11	63.17	2345	222	269
青海省	11.37	22.54	467	243	483
宁夏回族自治区	10.85	19.40	495	219	392
新疆维吾尔自治区	35.13	64.71	1605	219	403

5.1　1994 年以来各地区人均财政支出差异总体呈下降趋势

分税制实施后的地区间财政支出均等化的效果可以用地方财政支出之间的差异描述，一般用表示地区间人均财政支出水平离散程度的差异系数作为分税制实施效果的具体衡量指标。1994～2009 年 36 个地区（省、自治区、直辖市、计划单列市）① 人均财政支出差异总体呈下降趋势，基尼系数由 1994 年的 0.258 下降至 2009 年的 0.198（见图 5－1）。

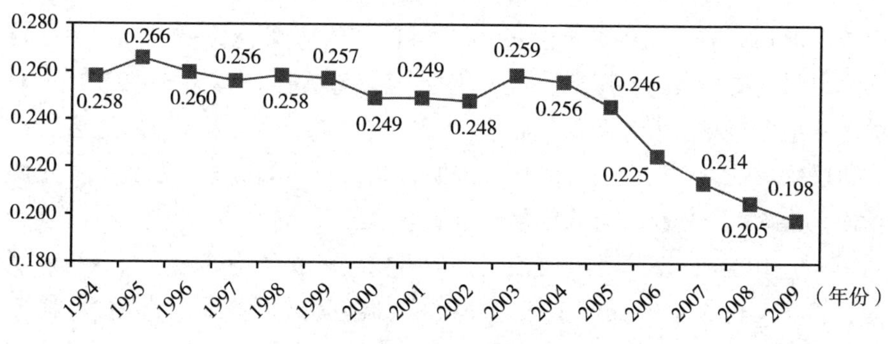

图 5－1　1994～2009 年各地区人均财政支出差异（基尼系数）情况

5.2　人均财政支出差异水平的下降来源于多个因素

1994 年以来各地区人均财政支出差异水平的下降，既有各地区经济发展情况变化相应带来各地区财政收入相对变化的影响，也有分税制财政管理体制改革后中央财政实施对地方转移支付的影响。众多学者采取不同的分析方法，考察各地区财政收入与转移支付对地区间人均财政支出差异水平的影响。

① 大连、宁波、厦门、青岛、深圳为计划单列市，中央财政与其直接进行财政体制核算与管理，在测算分析时将其与所在省分开测算。1994 年、1995 年沈阳市、哈尔滨市、武汉市、西安市财政体制实行计划单列，为与以后年度可比，在测算分析时与所在省合并计算。1994～1996 年重庆市为计划单列市，与四川省分开测算。

1. 比较中央对地方转移支付前后地区间人均财政支出差异水平的变化

欧阳华生（2007）认为现行的转移支付制度对均衡地区间的财力水平起到了一定的作用，但不均衡的格局未被打破。[①] 刘勇政（2008）认为转移支付在解决各地区横向财政失衡方面发挥了积极作用，且从总体上看，这一作用有增强趋势。[②] 王艳艳（2008）认为不同的转移支付都起到了一定的均等化效果，但是其均等化效应的大小并不同。[③] 刘凤伟（2008）认为甘肃省的财政转移支付政策在1994～2005年期间对缩小甘肃省县级财力的相对差距发挥了一定的作用，但却一直扩大着地区间财力的绝对差距。[④] 王祖强、郑剑锋、包浩斌（2009）认为财政转移支付有助于公共服务均等化的实现，并且这种均等化的效果显现出不断强化的趋势。[⑤] 王小朋、欧阳渊（2010）认为从中央转移支付各项目支出均衡收入绩效看，财力性转移支付的均衡性最强，返还性收入和专项转移支付的均衡性效果较差，对缩小各地方财政收入差距作用很小。[⑥] 田发（2010）认为中央对地方转移支付已构成地方政府近一半的财力来源，从其总体效应看，起到了一定的横向财力均等化效果，且均等化作用逐渐增强。[⑦] 周美多、颜学勇（2011）对1999～2004年27个省（自治区）的省内转移支付均等化效果分析后认为，转移支付在不同程度上起到了缩小县际间财力差异的作用。[⑧] 柳爽（2011）考察天津市转移支付情况后认为，转移支付在天津市各区县内起到了促进区县际间财力均等化的积极作用。[⑨] 王鹏、杜婕、陈思、朱云飞

---

① 欧阳华生：《中国省际间财力分配差异与转移支付效果分析》，载于《上海财经大学学报》2007年第5期。

② 刘勇政：《我国财政转移支付均等化效应实证分析》，载于《地方财政研究》2008年第2期。

③ 王艳艳：《我国政府间转移支付制度的财力均等化效应分析》，载于《改革之窗》2008年第8期。

④ 刘凤伟：《政府间转移支付的财政均等化效果分析——基于甘肃省的实证研究》，载于《技术经济》2008年第10期。

⑤ 王祖强、郑剑锋、包浩斌：《转移支付制度的公共服务均等化绩效研究——基于1997～2008年中国内地的实证分析》，载于《重庆工商大学学报》（西部论坛）2009年第6期。

⑥ 王小朋、欧阳渊：《我国财政转移支付各构成项目均衡效果分析（2001～2008）》，载于《燕山大学学报》（哲学社会科学版）2010年第1期。

⑦ 田发：《财政转移支付的横向财力均等化效应分析》，载于《财贸研究》2010年第2期。

⑧ 周美多、颜学勇：《省内转移支付的财力均等化效应——基于1999～2004年县级数据的实证研究》，载于《电子科技大学学报》（社科版）2011年第1期。

⑨ 柳爽：《财政转移支付的财力均等化效应分析——以天津市为例》，载于《经济视角》2011年第12期。

等（2012）考察 2001～2007 年吉林省数据后认为，转移支付具有一定的均等化的效果，并呈逐年增强态势。①

2. 对地区间人均财政支出差异进行来源分解

刘亮（2006）分析认为，1997～2003 年财政收入对财力不平等的贡献率平均为 59.67%，中央转移支付对财力不平等的贡献率平均为 40.33%。②尹恒、康琳琳、王丽娟（2007）对 1993～2003 年县级数据分析后认为，上级财政转移支付不仅没有起到均等县级财力的作用，反而拉大了财力差异，特别是在分税制改革后，转移支付造成了近一半的县级财力差异。③贾晓俊（2009）认为我国转移支付没有发挥横向均衡效应，特别是分税制改革后，转移支付造成的财力非均等化程度大幅增长，造成了 40% 左右的财力差异④。高立（2010）认为 1999 年～2006 年间，我国财政转移支付对财政不平等的贡献始终为正，表明我国财政转移支付不仅没有起到促进省级财力均等化的作用，反而助长了绝对财力差距的扩大。⑤ 官永彬（2011）认为分税制改革以后，转移支付不但没能有效发挥平衡地区之间财力差异的作用，反而从总体上扩大了省级财力差距。⑥

3. 对上述分析方法的认识

如前所述，不同的学者对转移支付效果的考察得出截然不同的结论，这主要是因为所采用的分析方法不同。

考察中央财政给予转移支付后“人均财政收入＋转移支付”的差异程度，看与转移支付前相比基尼系数是否下降，能够知晓转移支付是否在人均财政收入既有差异程度的基础上，使地区间财政资金的分配更趋向均等化。但由于中央财政给予转移支付后均等化水平的变化，既受转移支付分配结构的影响，也受转移支付规模、转移支付与财政收入之间的关系等因

---

① 王鹏、杜婕、陈思、朱云飞：《以基尼系数为视角的财政转移支付均等化效果研究——基于吉林省的实证分析》，载于《财政研究》2012 年第 6 期。

② 刘亮：《中国地区间财力差异的度量及分解》，载于《经济体制改革》2006 年第 2 期。

③ 尹恒、康琳琳、王丽娟：《政府间转移支付的财力均等化效应》，载于《管理世界》2007 年第 1 期。

④ 贾晓俊：《政府间转移支付制度横向均衡效应研究》，载于《经济学动态》2009 年第 3 期。

⑤ 高立：《我国中央财政转移支付与省以下财政转移支付均等化效应差异比较分析》，载于《兰州学刊》2010 年第 6 期。

⑥ 官永彬：《财政转移支付对省际间财力不均等的贡献——基于基尼系数的分解》，载于《山西财经大学学报》2011 年第 1 期。

素影响，并不能明确转移支付是否做到了“富者少予、穷者多予”。

通过基尼系数分解，可以根据来源分析得出人均财政支出的差异中，有多少来源于人均财政收入，有多少来源于人均转移支付。在来源于转移支付的差异中，还可以进一步就转移支付的各个项目进行分析，也可以分析转移支付的规模、分布、与收入关系等因素的各自影响。但是，这样分析得出的结论主要是描述人均转移支付地区间分布的差异在多大程度上影响了人均财政支出差异，或者说在人均财政支出与完全均等的差距中，有多少是人均转移支付因素造成的，而不是其对人均财政收入差异做了大多程度的修正。

无论采取哪种方法，上述学者对转移支付均等化效果的分析，都是以各地区财政收入为基础的，或者比较有无转移支付时人均财政收入、人均财政收入加转移支付的差异，或者将人均财政支出差异分解为人均财政收入和人均转移支付。对这些数据进行分析，评价分税制财政管理体制和转移支付的均等化效应时，存在一个重大缺陷，即没有考虑分税制财政管理体制集中各地区财力的因素。

分税制均衡地区间财政支出是通过集中收入增量和再分配两个步骤实现的。各地区财政支出是分税制改革实施后，中央财政集中财力并进行地区间再分配后形成的。要分析分税制均衡地区间财政支出的情况，既要考虑中央财政转移支付因素，也要考虑中央财政从各地区集中收入增量因素。只考虑对各地区给予转移支付、不考虑从各地区集中收入增量，对于评价分税制财政管理体制改革均衡地区间财政支出来说，是不完备的。应当以假定不实施集中增量再分配措施情况下各地区可能的财政支出之间的差异水平作为参照系。这就需要将中央集中增量、中央对地方税收返还全部恢复为地方财政收入，按此作为假定不实施集中增量再分配措施情况下的地方财政支出，再计算人均地方财政支出差异水平。

5.3 假定不实施分税制财政管理体制改革各地区财政支出水平差异

假定不实施分税制财政管理体制改革，各地区财政支出按以下公式计算：

$$\begin{aligned}\text{假定不实施分税制财政管理体制改革某地区财政支出} &= \text{该地区实际财政支出}\\ &\quad + \text{中央财政从该集中收入增量}\\ &\quad - \text{中央财政对该地区转移支付增量}\end{aligned}$$

假定不实施分税制财政管理体制集中增量再分配措施，1994～2009年36个地区（省、自治区、直辖市、计划单列市）人均财政支出数额基尼系数呈先提高后下降的趋势，2004年达到最高点，为0.387，2009年下降至0.345（见图5－2）。

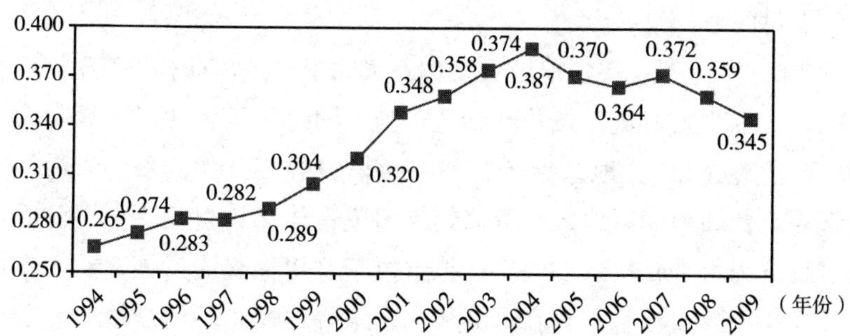

图5－2　1994～2009年不实施分税制财政管理体制改革人均财政支出差异情况（基尼系数）

5.4 分税制财政管理体制有效缩小了地区间人均财政支出差异

将上述实施集中增量再分配措施后人均地方财政支出差异情况，与不实施集中增量再分配措施情况下人均地方财政支出差异情况相比较可得，分税制财政管理体制通过主要从东部地区集中两税增量、所得税增量，对地方转移支付向中西部地区倾斜，有效缩小了地区间人均财政支出的差异程度。基尼系数缩小幅度由1994年的2.8%提高到2009年的42.7%（见图5－3）。

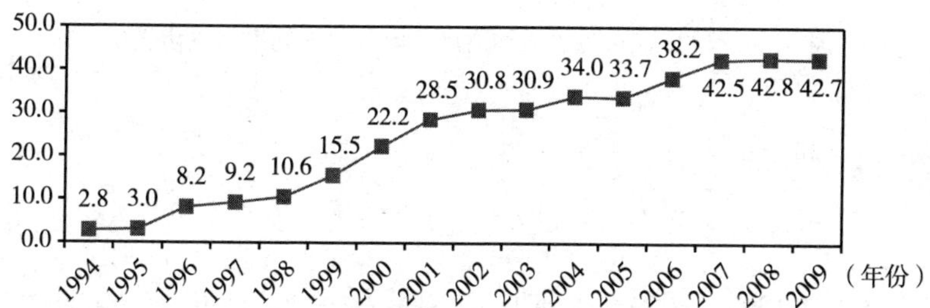

图5－3　1994～2009年有无分税制财政管理体制改革各地区人均财政支出基尼系数缩小百分比

需要注意的是，通过实施分税制财政管理体制改革，中央财政从部分地区，集中这些地区的部分收入增量，用于对其他地区转移支付的做法，尽管从总体上看，缩小了地区间财政支出水平差异，但并没有完全遵循“富者多取、穷者多予”的原则。这与众多学者采取收入来源的基尼系数分解办法分析转移支付得出人均财政支出差异中有一部分来自于中央对地方转移支付的结论是一致的。

以2009年为例，将各地区人均财政总收入（地方财政收入+税收返还+中央集中收入增量）按从高到低排列，同时列示各地区人均财政支出（见图5-4）。对部分地区给予转移支付增量较多，如西藏、青海、内蒙古、宁夏、新疆等民族地区，考虑到支出成本较高，财政资金再分配后其人均财政支出水平较高；如四川、甘肃由于汶川地震灾后恢复重建支出因素，其人均财政支出水平较高。福建、山东等地区人均财政总收入处于中间水平，但在再分配中是净贡献的地区，因此与人均财政总收入水平差不多的地区相比，人均财政支出水平较低。

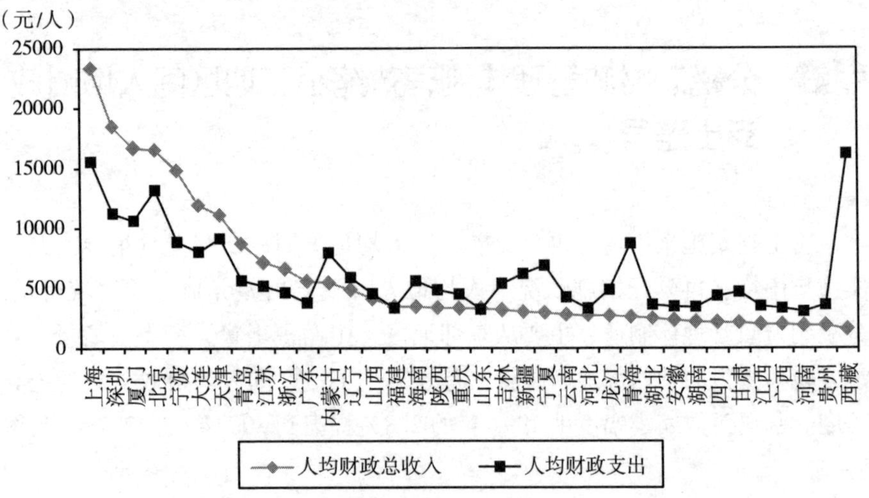

图5-4　2009年各地区人均财政总收入、人均财政支出情况

5.5 研究结论

通过计算1994~2009年期间历年不同省份之间人均财政支出的基尼系数，表明地区间财政支出差异出现收敛趋势。这既有中央财政转移支付的效应，也有地区间财政收入增长差异带来的影响。据估算，假定不实施分税制财政管理体制改革，地区间人均财政支出差异基尼系数可能处于更高的水平。这意味着在体制不变的情况下，靠地方财政收入增长的作用，并不能有效缩小地区间财政支出的差距，而且只能带来差距的进一步扩大。这也意味着中央财政对地方财政的转移支付在缩小地区间财政支出的差距中起到了主导作用。而且地区间财政收入再分配效应有着不断加强的趋势。但差异程度究竟应控制在什么样的水平为适当，是不是要再进一步缩小，还需要后续跟进的研究。

数据分析中需要注意以下三个方面。

第一，分税制财政管理体制改革在均衡地区间财政支出方面的成效显著，并不意味着分税制财政管理体制改革之前的包干体制在这方面没有发挥作用。从 1993 年数据来看，人均财政收入的差异系数、基尼系数分别为 1.101 和 0.301，人均财政支出的差异系数、基尼系数分别为 0.766 和 0.246。说明包干体制通过对不同地区采取上解、补助等体制形式，在均衡地区间财政支出方面起到了明显效果。只不过由于各方面的原因，原来这种均衡地区间财政支出的方法难以维系，由分税制财政管理体制取代。

第二，从 1994～2009 年数据分析来看，人均财政支出的差异程度不断缩小，说明分税制财政管理体制在这方面发挥了有效作用。但究竟其差异程度应当控制在什么样的水平，是不是要再进一步缩小，缩小到什么程度为止，财政支出水平的控制与各地区收入水平之间应建立怎样的联系，还需要进一步研究。

第三，上述分析是以 1994 年分税制财政管理体制改革、2002 年所得税收入分享改革之前中央与地方的既得利益格局为基础测算的。但这并不意味着原来的利益格局就是合理的。进一步研究完善分税制财政管理体制，需要合理、清晰地界定政府事权，合理划分财政收入，完善转移支付制度，建立财力与事权相匹配的财政体制。

附录：基础数据

一、历年各地区总人口

附表 1　　1994～2009 年各地区总人口　　单位：万人

地区	1994 年	1995 年	1996 年	1997 年	1998 年	1999 年	2000 年	2001 年	2002 年	2003 年	2004 年	2005 年	2006 年	2007 年	2008 年	2009 年
合计	119328	120762	121778	122551	123800	124708	126623	127354	128101	128893	129745	128323	129126	129919	130827	131659
北京市	1125	1251	1259	1240	1246	1257	1364	1385	1423	1456	1493	1538	1581	1633	1695	1755
天津市	935	942	948	953	957	959	1001	1004	1007	1011	1024	1043	1075	1115	1176	1228
河北省	6388	6437	6484	6525	6569	6614	6674	6699	6735	6769	6809	6851	6898	6943	6989	7034
山西省	3045	3077	3109	3141	3172	3204	3248	3272	3294	3314	3335	3355	3375	3393	3411	3427
内蒙古自治区	2260	2284	2307	2326	2345	2362	2372	2377	2379	2380	2384	2386	2392	2405	2414	2422
辽宁省（不含单列市）	3535	3557	3579	3598	3614	3626	3633	3639	3645	3650	3655	3656	3699	3720	3732	3734
大连市	532	535	537	540	543	545	551	555	558	560	562	565	572	578	583	585
吉林省	2574	2592	2610	2628	2644	2658	2682	2691	2699	2704	2709	2716	2723	2730	2734	2740
黑龙江省	3672	3701	3728	3751	3773	3792	3807	3811	3813	3815	3817	3820	3823	3824	3825	3826
上海市	1356	1415	1419	1457	1464	1474	1608	1614	1625	1711	1742	1778	1815	1858	1888	1921
江苏省	7021	7066	7110	7148	7182	7213	7327	7355	7381	7406	7433	7475	7550	7625	7677	7725
浙江省（不含单列市）	3841	3863	3883	3902	3921	3937	4139	4154	4185	4214	4250	4341	4419	4495	4552	4609
宁波市	523	526	530	533	535	538	541	543	546	549	553	557	561	565	568	571
安徽省	5889	5923	5957	5992	6016	6051	6093	6128	6144	6163	6228	6120	6110	6118	6135	6131
福建省（不含单列市）	3064	3116	3138	3157	3172	3187	3205	3229	3252	3271	3291	3310	3325	3338	3355	3375
厦门市	119	121	123	125	127	129	205	211	214	217	220	225	233	243	249	252
江西省	4015	4063	4105	4150	4191	4231	4149	4186	4222	4254	4284	4311	4339	4368	4400	4432
山东省（不含单列市）	7992	8020	8048	8090	8138	8180	8290	8331	8366	8404	8449	8507	8560	8609	8655	8707
青岛市	679	685	690	695	700	703	707	710	716	721	731	741	749	758	762	763

续表

地区	1994 年	1995 年	1996 年	1997 年	1998 年	1999 年	2000 年	2001 年	2002 年	2003 年	2004 年	2005 年	2006 年	2007 年	2008 年	2009 年
河南省	9027	9100	9172	9243	9315	9387	9488	9555	9613	9667	9717	9380	9392	9360	9429	9487
湖北省	5719	5772	5825	5873	5907	5938	5960	5975	5988	6002	6016	5710	5693	5699	5711	5720
湖南省	6303	6392	6428	6465	6502	6532	6562	6596	6629	6663	6698	6326	6342	6355	6380	6406
广东省（不含单列市）	6781	6938	7004	7056	7438	7527	7949	8011	8097	8186	8312	8366	8458	8587	8667	8747
深圳市	413	449	483	528	580	633	701	725	747	778	801	828	846	862	877	891
广西壮族自治区	4493	4543	4589	4633	4675	4713	4751	4788	4822	4857	4889	4660	4719	4768	4816	4856
海南省	711	724	734	743	753	762	787	796	803	811	818	828	836	845	854	864
重庆市	1512	1526	1534	2873	2871	2860	2849	2829	2815	2803	2793	2798	2808	2816	2839	2859
四川省	9702	9799	9896	8430	8493	8550	8602	8640	8673	8700	8725	8212	8169	8127	8138	8185
贵州省	3458	3508	3555	3606	3658	3710	3756	3799	3837	3870	3904	3730	3757	3762	3793	3798
云南省	3939	3990	4042	4094	4144	4192	4241	4287	4333	4376	4415	4450	4483	4514	4543	4571
西藏自治区	236	240	244	248	252	256	260	263	267	270	274	277	281	284	287	290
陕西省	3481	3514	3543	3570	3596	3618	3644	3659	3674	3690	3705	3720	3735	3748	3762	3772
甘肃省	2378	2438	2467	2494	2519	2543	2557	2575	2593	2603	2619	2594	2606	2617	2628	2635
青海省	474	481	488	496	503	510	517	523	529	534	539	543	548	552	554	557
宁夏回族自治区	504	513	521	530	538	543	554	563	572	580	588	596	604	610	618	625
新疆维吾尔自治区	1632	1661	1689	1718	1747	1774	1849	1876	1905	1934	1963	2010	2050	2095	2131	2159

资料来源：（1）浙江、安徽、广东、重庆历年人口数来源于其统计年鉴。（2）2000 年数据来源于各地区统计年鉴。（3）计划单列市数据来源于其统计年鉴，其中，大连、宁波、青岛为户籍人口数，深圳为常住人口数，厦门 1999 年及以前年度为户籍人口数，2000 年及以后年度为常住人口数。（4）其余数据来源于历年《中国统计年鉴》。（5）因口径调整，2005 年安徽、河南、湖北、湖南、广西、四川、贵州、甘肃等省人口数低于 2004 年。

二、历年各地区财政本级收入

附表 2　　1994~2009 年地方本级收入　　单位：亿元

	1994 年	1995 年	1996 年	1997 年	1998 年	1999 年	2000 年	2001 年	2002 年	2003 年	2004 年	2005 年	2006 年	2007 年	2008 年	2009 年	16 年合计
合计	2311.60	2985.58	3746.92	4263.20	4983.95	5594.87	6406.06	7803.30	8515.00	9849.98	11679.76	14884.22	18303.58	23572.62	28649.79	32602.58	186153.00
北京市	45.85	115.26	150.90	182.32	229.45	281.37	345.00	454.17	533.99	592.54	744.49	919.21	1117.15	1492.64	1837.32	2026.81	11068.46
天津市	50.15	61.90	79.04	89.91	101.40	112.81	133.61	163.64	171.83	204.53	246.13	331.85	417.05	540.44	675.62	821.99	4201.88
河北省	95.22	119.95	151.78	176.07	206.76	223.28	248.76	283.50	302.31	335.83	408.27	515.70	620.53	789.12	947.59	1067.12	6491.79
山西省	53.82	72.21	84.17	92.81	104.19	109.18	114.48	132.76	150.82	186.05	255.25	368.34	583.38	597.89	748.00	805.83	4459.19
内蒙古自治区	36.30	43.70	57.26	66.08	77.67	86.57	95.03	99.43	112.85	138.72	196.22	277.46	343.38	492.36	650.68	850.86	3624.56
辽宁省（不含单列市）	118.64	141.45	161.30	171.74	200.27	208.72	218.02	275.28	300.93	336.51	412.43	523.85	621.54	814.72	1017.01	1190.99	6713.39
大连市	35.03	42.92	50.39	56.42	64.35	70.92	77.61	95.16	98.76	110.54	117.17	151.42	196.14	267.98	339.07	400.23	2174.10
吉林省	51.27	63.28	76.40	82.85	93.64	101.28	103.83	121.10	131.49	154.00	166.28	207.15	245.20	320.69	422.80	487.09	2828.35
黑龙江省	84.66	101.31	126.88	136.16	157.27	170.13	185.34	213.64	231.89	248.86	289.42	318.21	386.84	440.47	578.28	641.66	4311.00
上海市	169.62	219.56	280.47	332.47	380.70	419.95	485.38	609.47	708.95	886.23	1106.19	1417.40	1576.07	2074.48	2358.75	2540.30	15565.99
江苏省	136.62	172.64	223.17	255.59	296.58	343.36	448.31	572.15	643.70	798.11	980.43	1322.68	1656.68	2237.73	2731.41	3228.78	16047.92
浙江省（不含单列市）	76.87	92.03	107.59	122.00	156.35	195.30	278.42	401.59	455.02	567.14	654.13	854.22	1040.82	1320.38	1543.00	1709.71	9574.56
宁波市	17.76	24.79	32.04	35.33	41.76	50.17	64.35	99.11	111.84	139.42	151.76	212.38	257.38	329.12	390.39	432.80	2390.39
安徽省	54.68	83.83	114.59	140.52	159.19	174.29	178.72	192.18	200.22	220.75	274.41	334.02	428.03	543.70	724.62	863.92	4687.65
福建省（不含单列市）	76.09	95.74	114.94	134.12	153.96	168.28	183.92	210.70	210.47	234.56	268.38	333.59	405.01	512.93	613.17	691.87	4407.72
厦门市	15.85	21.63	27.18	28.80	33.96	40.64	50.19	63.59	62.42	70.15	64.99	99.01	136.17	186.53	220.23	240.56	1361.88
江西省	49.29	64.13	77.09	88.44	97.16	105.14	111.55	131.98	140.55	168.17	205.13	252.92	305.52	389.85	488.65	581.30	3256.87
山东省（不含单列市）	111.91	149.53	203.71	245.82	296.08	338.64	388.69	478.89	509.50	593.64	697.88	896.71	1130.26	1382.59	1614.58	1821.62	10860.06
青岛市	22.75	29.48	37.97	44.57	56.31	65.84	74.99	94.29	100.72	120.15	130.52	176.41	225.99	292.80	342.47	377.01	2192.28

续表

	1994 年	1995 年	1996 年	1997 年	1998 年	1999 年	2000 年	2001 年	2002 年	2003 年	2004 年	2005 年	2006 年	2007 年	2008 年	2009 年	16 年合计
河南省	93.35	124.63	162.06	185.73	208.20	223.35	246.47	267.75	296.72	338.05	428.55	537.65	679.17	862.08	1008.90	1126.06	6788.72
湖北省	77.46	99.69	124.51	139.89	168.95	194.44	214.35	231.94	243.44	259.76	303.69	375.52	476.08	590.36	710.85	814.87	5025.80
湖南省	85.89	108.16	130.36	137.16	156.77	166.50	177.04	205.41	231.15	268.65	320.43	395.27	477.93	606.55	722.71	847.62	5037.57
广东省（不含单列市）	224.31	294.33	347.70	401.89	476.37	581.98	688.64	898.02	935.68	1024.68	1095.13	1394.83	1678.58	2127.75	2509.96	2768.99	17448.81
深圳市	74.40	88.02	131.75	142.06	164.39	184.21	221.92	262.49	265.93	290.84	321.75	412.38	500.88	658.06	800.36	880.82	5400.24
广西壮族自治区	62.26	79.44	90.51	99.16	119.67	133.56	147.05	178.67	186.73	203.66	237.73	283.04	342.58	418.83	518.42	620.99	3722.30
海南省	27.53	28.53	30.70	30.87	33.67	36.14	39.20	43.77	46.24	51.32	57.00	68.68	81.81	108.29	144.86	178.24	1006.87
重庆市	27.28	34.42	39.84	59.31	71.13	76.73	87.24	106.12	126.07	161.56	200.67	256.81	317.72	442.70	577.57	655.17	3240.35
四川省	108.71	132.65	169.17	172.90	197.29	211.48	233.86	271.12	291.87	336.59	384.14	479.66	607.59	850.86	1041.66	1174.59	6664.14
贵州省	31.24	38.80	49.46	55.88	65.34	74.26	85.23	99.75	108.28	124.56	149.04	182.50	226.82	285.14	347.84	416.48	2340.62
云南省	76.70	98.35	130.01	150.42	168.23	172.67	180.75	191.28	206.76	229.00	263.28	312.65	379.97	486.71	614.05	698.25	4359.09
西藏自治区	5.54	2.15	2.44	2.95	3.64	4.57	5.38	6.11	7.31	8.15	10.02	12.03	14.56	20.14	24.88	30.09	159.97
陕西省	42.59	51.30	67.60	76.55	93.33	106.40	114.97	135.81	150.29	177.33	214.85	275.32	362.48	475.24	591.48	735.27	3670.81
甘肃省	29.08	33.92	43.37	46.91	54.03	58.37	61.28	69.95	76.24	87.66	103.99	123.50	141.22	190.91	264.97	286.59	1671.98
青海省	7.01	8.60	9.58	10.92	12.77	14.17	16.58	19.82	21.10	24.04	26.89	33.82	42.24	56.71	71.57	87.74	463.57
宁夏回族自治区	7.17	8.98	12.68	14.07	17.75	18.84	20.82	27.57	26.47	30.03	37.44	47.72	61.36	80.03	95.01	111.58	617.54
新疆维吾尔自治区	28.70	38.28	48.31	54.52	65.39	71.31	79.07	95.09	116.47	128.22	155.70	180.32	219.46	285.86	361.06	388.78	2316.56

资料来源：历年《中国财政年鉴》。

三、历年各地区财政本级支出

附表 3　　1994～2009 年各地区财政支出　　单位：亿元

地区	1994 年	1995 年	1996 年	1997 年	1998 年	1999 年	2000 年	2001 年	2002 年	2003 年	2004 年	2005 年	2006 年	2007 年	2008 年	2009 年	16 年合计
合计	3929. 63	4828. 33	5786. 28	6562. 74	7672. 58	8991. 14	10454. 28	13134. 56	15281. 45	17229. 85	20455. 39	25154. 31	30431. 33	38339. 29	49248. 49	61044. 12	318543. 77
北京市	98. 53	154. 4	187. 45	236. 39	280. 68	355. 19	443	559. 11	628. 35	734. 8	898. 94	1058. 31	1296. 84	1649. 5	1959. 29	2319. 37	12860. 15
天津市	72. 32	93. 33	113. 21	122. 78	137. 93	157. 41	187. 05	234. 67	265. 21	312. 08	370. 35	442. 12	543. 12	674. 33	867. 72	1124. 28	5717. 91
河北省	160. 84	191. 18	231. 9	270. 46	301. 55	350. 8	415. 54	514. 18	576. 59	646. 74	772. 22	979. 16	1180. 36	1506. 65	1881. 67	2347. 59	12327. 42
山西省	89. 23	112. 89	133. 18	143. 51	164. 41	185. 34	225. 06	289. 5	334. 27	415. 69	515. 32	668. 75	915. 57	1049. 92	1315. 02	1561. 7	8119. 36
内蒙古自治区	92. 82	102. 18	126. 38	142. 91	170. 31	199. 8	247. 27	319. 26	393. 57	447. 26	559. 96	681. 88	812. 13	1082. 31	1454. 57	1926. 84	8759. 46
辽宁省（不含单列市）	183. 14	217. 53	250. 4	269. 64	310. 57	373. 22	423. 03	520. 73	559. 79	636. 99	751. 61	996. 66	1156. 22	1419. 71	1743. 43	2211. 22	12023. 89
大连市	40. 44	56. 31	64. 38	70. 99	79. 72	84. 68	95. 05	114. 7	131. 13	147. 39	169. 4	207. 7	266. 52	344. 57	410	471. 16	2754. 15
吉林省	104. 59	120. 9	145. 53	167. 75	190. 1	234. 62	260. 67	326. 43	362. 62	409. 23	507. 78	631. 12	718. 36	883. 76	1180. 12	1479. 21	7722. 79
黑龙江省	142. 4	174. 61	208. 88	220. 38	259. 42	339. 03	381. 87	478. 27	531. 87	564. 91	697. 55	787. 79	968. 53	1187. 27	1542. 3	1877. 74	10362. 83
上海市	190. 84	260	333. 18	408. 81	470. 05	533. 54	608. 56	708. 14	862. 38	1088. 44	1382. 53	1646. 26	1795. 57	2181. 68	2593. 92	2989. 65	18053. 54
江苏省	200. 17	253. 49	310. 94	364. 36	424. 9	484. 65	591. 28	729. 64	860. 25	1047. 68	1296. 74	1673. 4	2013. 25	2553. 72	3247. 49	4017. 36	20069. 33
浙江省（不含单列市）	127. 97	144. 92	168. 38	189. 96	226. 08	274. 23	347. 39	481. 02	604. 64	716. 52	847. 12	1000. 76	1179. 17	1435. 75	1768. 86	2147. 27	11660. 04
宁波市	25. 06	35. 37	45. 33	50. 2	60. 73	69. 82	83. 91	116. 28	145. 26	180. 25	215. 96	264. 77	292. 69	371. 04	439. 71	506. 08	2902. 46
安徽省	93. 27	135. 88	178. 71	207. 24	242. 07	288. 6	323. 47	403. 8	456. 86	507. 44	588. 21	713. 06	940. 23	1243. 83	1647. 13	2141. 92	10111. 74
福建省（不含单列市）	118. 92	146. 16	169. 91	191. 32	215. 54	233. 25	267. 61	301. 59	318. 26	365. 45	406. 92	471. 45	578. 61	711. 99	899. 63	1143. 77	6540. 39
厦门市	18. 8	25. 42	30. 4	33. 04	39. 32	45. 98	56. 58	71. 59	79. 3	86. 85	97. 88	121. 62	150. 08	198. 66	238. 09	268. 05	1561. 65
江西省	92. 03	110. 34	131. 85	150. 16	175. 26	207. 83	223. 47	283. 71	341. 38	382. 1	442. 97	563. 95	696. 44	905. 06	1210. 07	1562. 37	7478. 99
山东省（不含单列市）	191. 04	238. 17	312. 03	354. 48	421. 31	477. 36	530. 44	649. 78	736. 26	863. 46	1024. 02	1263. 16	1596. 65	1940. 67	2335. 25	2834. 1	15768. 18
青岛市	27. 73	37. 7	46. 96	53. 31	66. 51	72. 64	82. 64	104	124. 39	147. 18	164. 62	203. 06	236. 79	321. 18	369. 41	433. 58	2491. 69

续表

地区	1994年	1995年	1996年	1997年	1998年	1999年	2000年	2001年	2002年	2003年	2004年	2005年	2006年	2007年	2008年	2009年	16年合计
河南省	169.62	207.28	255.29	284.37	323.63	384.32	445.53	508.58	629.18	716.6	877.93	1116.04	1440.09	1870.61	2281.61	2905.76	14416.44
湖北省	137.2	162.43	197.44	223.7	280.12	336.46	368.77	484.4	511.39	540.44	641.69	778.72	1047	1277.33	1650.28	2090.92	10728.28
湖南省	151.49	173.94	217.74	230.82	273.64	313.12	347.83	431.7	533.02	573.75	697.02	873.42	1064.52	1357.03	1765.22	2210.44	11214.71
广东省（不含单列市）	342.21	432.22	463.19	543.24	648.84	755	855.27	1067.63	1213.3	1346.68	1474.06	1689.91	1981.92	2431.6	2888.71	3333.53	21467.33
深圳市	74.62	93.4	138.04	139.42	176.77	210.9	225.04	253.7	307.78	348.95	378.53	599.16	571.42	727.97	889.86	1000.84	6136.39
广西壮族自治区	124.93	140.59	157.01	170.83	198.36	224.98	258.49	351.65	419.86	443.6	504.8	611.48	729.52	985.94	1297.11	1621.82	8240.97
海南省	40.01	42.39	45.16	47.84	54.91	56.78	64.12	78.94	92.26	105.4	129.44	151.24	174.54	245.2	357.97	486.06	2172.26
重庆市	35.65	42.91	51.18	101.01	125.76	150.24	187.64	237.55	305.86	341.58	400.34	487.35	594.25	768.39	1016.01	1292.09	6137.83
四川省	201.74	234.81	275.54	275.1	320.93	363.5	452	594.1	701.62	732.3	880.58	1082.18	1347.4	1759.13	2948.83	3590.72	15760.47
贵州省	74.23	85.33	99.58	111.83	133.09	170.72	201.57	275.2	316.67	332.35	416.93	520.73	610.64	795.4	1053.79	1372.27	6570.33
云南省	203.73	235.1	270.39	313.2	328	378.05	414.11	496.43	526.89	587.35	661.83	766.31	893.58	1135.22	1470.24	1952.34	10632.77
西藏自治区	30.3	34.87	36.85	38.2	45.32	53.25	59.97	104.57	137.84	145.91	131.81	185.45	200.2	275.37	380.66	470.13	2330.7
陕西省	85.52	102.69	121.79	137.72	166.2	206.52	271.76	350.05	404.91	418.2	510.21	638.96	824.18	1053.97	1428.52	1841.64	8562.84
甘肃省	72.38	81.39	90.95	104.3	125.34	147.79	188.23	235.46	274.01	300.01	358.88	429.35	528.59	675.34	968.43	1246.28	5826.74
青海省	25.36	28.8	32.71	36.47	44.09	55.72	68.26	101.3	118.73	122.04	137.33	169.75	214.66	282.2	363.6	486.75	2287.79
宁夏回族自治区	19.38	23	29.52	33.63	45.12	49.53	60.84	93.58	114.57	105.78	122.89	160.25	193.21	241.85	324.61	432.36	2050.11
新疆维吾尔自治区	71.1	96.4	114.89	123.35	145.99	166.28	190.95	263.32	361.17	368.47	421.03	519.02	678.47	795.15	1059.36	1346.91	6721.88

资料来源：历年《中国财政年鉴》。

四、历年各地区两税

附表 4　　1993～1995 年上划中央两税情况　　单位：万元

地区	1993 年两基数	1994 年两税	1995 年两税
合计	19010586	22642670	25249401
北京市	722226	844907	956691
天津市	398419	491821	585807
河北省	767402	869964	943427
山西省	390880	457446	571778
内蒙古自治区	295541	318937	327019
辽宁省（地区）	848092	983039	960377
其中：沈阳市	219531	249502	279860
大连市	180800	218075	253705
吉林省	414836	490395	543333
黑龙江省（地区）	451388	642655	821422
哈尔滨市	144815	177694	205366
上海市	1406495	1758054	1956726
江苏省	1305954	1568915	1778602
浙江省（地区）	821324	906112	1038232
其中：宁波市	198371	241214	279869
安徽省	462153	552351	632501
福建省（地区）	378243	462955	543125
其中：厦门市	102179	115870	128970
江西省	343518	393838	413955
山东省（地区）	951482	1146285	1311859
其中：青岛市	228552	272942	309629
河南省	803196	897042	1015537
湖北省（地区）	421250	448556	499023
其中：武汉市	273197	273253	309740
湖南省	757776	875646	958750
广东省（地区）	1321715	1747845	2031212
其中：深圳市	114424	164195	219032
广西壮族自治区	480070	496665	540789
海南省	60959	65494	67066
四川省（地区）	803161	897488	950541
重庆市	222114	259932	286377
贵州省	342972	374122	394909
云南省	1388955	1820681	1869074
西藏自治区	2598	4876	8233
陕西省	358261	407412	439461
甘肃省	296816	335731	344931
青海省	64671	81825	84836
宁夏回族自治区	62587	72905	81768
新疆维吾尔自治区	203663	256031	305869

资料来源：张健，《1994～1995 年上划中央两税收入增长情况》，载于《地方财政》1996 年第 6 期。

附表 5　　**1996 年上划中央两税**　　单位：亿元

地区	数额
合计	2881.82
北京市	106.81
天津市	62.10
河北省	108.57
山西省	65.48
内蒙古自治区	34.26
辽宁省（地区）	122.01
其中：大连市	28.88
吉林省	62.79
黑龙江省（地区）	110.59
上海市	246.83
江苏省	217.39
浙江省（地区）	123.95
其中：宁波市	35.22
安徽省	76.56
福建省（地区）	59.68
其中：厦门市	15.90
江西省	43.63
山东省（地区）	171.21
其中：青岛市	36.28
河南省	116.36
湖北省（地区）	88.15
湖南省	98.45
广东省（地区）	238.39
其中：深圳市	28.70
广西壮族自治区	52.99
海南省	7.60
四川省（地区）	104.29
重庆市	29.51
贵州省	43.18
云南省	201.97
西藏自治区	1.03
陕西省	50.27
甘肃省	37.94
青海省	8.30
宁夏回族自治区	10.22
新疆维吾尔自治区	36.33

资料来源：钟砚，《1996 年地方上划中央两税完成情况》，载于《地方财政》1997 年第 3 期。

附表 6　　1997 年上划中央两税　　单位：万元

地区	两税合计	增值税		消费税
		中央分享 75% 部分	地方分享 25% 部分	
合计	31879204	24728349	8242783	7150854
北京市	1134330	980040	326680	154290
天津市	631262	519033	173011	112229
河北省	1220485	1061598	353866	158887
山西省	711828	673530	224510	38298
内蒙古自治区	381772	325689	108563	56083
辽宁省	1717353	1416966	472322	300387
其中：大连市	336847	244998	81666	91849
吉林省	689183	522915	174305	166268
黑龙江省	1266400	1046778	348926	219622
上海市	2516992	2002815	667605	514177
江苏省	2399561	2124762	708254	274799
浙江省	1751680	1553013	517671	198667
其中：宁波市	374859	303378	101126	71481
安徽省	903812	651225	217075	252587
福建省	833745	673125	224375	160620
其中：厦门市	178400	121761	40587	56639
江西省	443275	359706	119902	83569
山东省	2303284	1853532	617844	449752
其中：青岛市	401091	284625	94875	116466
河南省	1309732	983901	327967	325831
湖北省	1063965	812133	270711	251832
湖南省	1177971	627375	209125	550596
广东省	2964888	2464539	821513	500349
其中：深圳市	359900	307113	102371	52787
广西壮族自治区	610654	511476	170492	99178
海南省	82672	59676	19892	22996
重庆市	432195	323784	107928	108411
四川省	1064915	825033	275011	239882
贵州省	491301	269802	89934	221499
云南省	2143828	838260	279420	1305568
西藏自治区	15216	15153	5051	63
陕西省	561931	433833	144611	128098
甘肃省	424130	312237	104079	111893
青海省	89327	77025	25675	12302
宁夏回族自治区	110464	83574	27858	26890
新疆维吾尔自治区	431053	325821	108607	105232

资料来源："地方分享 25% 部分增值税"，《地方财政统计资料》（1997）；"消费税"，《中国税务年鉴》（1998）。

附表 7　**1998 年上划中央两税**　单位：万元

地区	两税合计	增值税		消费税
		中央分享 75% 部分	地方分享 25% 部分	
合计	35597266	27253272	9084424	8343991
北京市	1274939	1127421	375807	147518
天津市	711476	569691	189897	141785
河北省	1351032	1180830	393610	170202
山西省	779763	744111	248037	35652
内蒙古自治区	414588	355629	118543	58959
辽宁省	1825536	1454604	484868	370932
其中：大连市	379696	277566	92522	102130
吉林省	730234	549396	183132	180838
黑龙江省	1354511	1110960	370320	243551
上海市	2859943	2267442	755814	592501
江苏省	2717451	2371854	790618	345597
浙江省	2038273	1752822	584274	285451
其中：宁波市	452329	341187	113729	111142
安徽省	1028598	698163	232721	330435
福建省	953962	737409	245803	216553
其中：厦门市	217484	134454	44818	83030
江西省	482808	369435	123145	113373
山东省	2653277	2104206	701402	549071
其中：青岛市	454588	326559	108853	128029
河南省	1534117	1082163	360721	451954
湖北省	1152820	880860	293620	271960
湖南省	1285488	689289	229763	596199
广东省	3320915	2782617	927539	538298
其中：深圳市	423120	357141	119047	65979
广西壮族自治区	651988	531963	177321	120025
海南省	88637	64341	21447	24296
重庆市	629631	357261	119087	272370
四川省	1011083	887238	295746	123845
贵州省	573598	299631	99877	273967
云南省	2420371	917016	305672	1503355
西藏自治区	17895	17886	5962	9
陕西省	635829	490134	163378	145695
甘肃省	425855	324954	108318	100901
青海省	87356	75957	25319	11399
宁夏回族自治区	121301	96552	32184	24749
新疆维吾尔自治区	463991	361437	120479	102554

资料来源：“地方分享 25% 部分增值税”，《中国财政年鉴》（1999）；“消费税”，《中国税务年鉴》（1999）。

附表 8　　1999 年上划中央两税　　单位：万元

地区	两税合计	增值税		消费税
		中央分享 75% 部分	地方分享 25% 部分	
合计	37712114	29229624	9743208	8482490
北京市	1350918	1191579	397193	159339
天津市	768788	624993	208331	143795
河北省	1440044	1268751	422917	171293
山西省	722369	687546	229182	34823
内蒙古自治区	428659	371088	123696	57571
辽宁省	1864255	1494489	498163	369766
其中：大连市	402427	309621	103207	92806
吉林省	764086	566763	188921	197323
黑龙江省	1385519	1153119	384373	232400
上海市	3123231	2505705	835235	617526
江苏省	2953073	2599557	866519	353516
浙江省	2317861	2003748	667916	314113
其中：宁波市	534530	407823	135941	126707
安徽省	1065387	735528	245176	329859
福建省	1036108	801291	267097	234817
其中：厦门市	245521	149628	49876	95893
江西省	496566	375906	125302	120660
山东省	2838117	2346528	782176	491589
其中：青岛市	494654	382167	127389	112487
河南省	1472512	1101747	367249	370765
湖北省	1203547	897621	299207	305926
湖南省	1350758	716472	238824	634286
广东省	3696964	3146286	1048762	550678
其中：深圳市	501040	432321	144107	68719
广西壮族自治区	668315	564555	188185	103760
海南省	93557	71034	23678	22523
重庆市	504204	383535	127845	120669
四川省	1221906	935148	311716	286758
贵州省	592651	331191	110397	261460
云南省	2526745	931782	310594	1594963
西藏自治区	20904	20862	6954	42
陕西省	665573	510060	170020	155513
甘肃省	438893	335334	111778	103559
青海省	95369	82647	27549	12722
宁夏回族自治区	128315	103926	34642	24389
新疆维吾尔自治区	476920	370833	123611	106087

资料来源："地方分享 25% 部分增值税"，《中国财政年鉴》（2000）；"消费税"，《中国税务年鉴》（2000）。

附表 9　　2000 年上划中央两税　　单位：万元

地区	两税合计	增值税		消费税
		中央分享 75% 部分	地方分享 25% 部分	
合计	42895937	34199037	11399679	8696900
北京市	1528719	1378671	459557	150048
天津市	925828	783642	261214	142186
河北省	1488338	1310835	436945	177503
山西省	799881	765519	255173	34362
内蒙古自治区	449090	401562	133854	47528
辽宁省	2058244	1700991	566997	357253
其中：大连市	497078	414777	138259	82301
吉林省	803432	612351	204117	191081
黑龙江省	1586336	1383732	461244	202604
上海市	3524559	2806404	935468	718155
江苏省	3631686	3259185	1086395	372501
浙江省	3155110	2701059	900353	454051
其中：宁波市	785369	585612	195204	199757
安徽省	1098310	787677	262559	310633
福建省	1358982	1060383	353461	298599
其中：厦门市	399897	278490	92830	121407
江西省	600126	452478	150826	147648
山东省	3092247	2690685	896895	401562
其中：青岛市	537132	439404	146468	97728
河南省	1581138	1267146	422382	313992
湖北省	1295947	1013325	337775	282622
湖南省	1441053	782967	260989	658086
广东省	4617066	3963927	1321309	653139
其中：深圳市	728662	636327	212109	92335
广西壮族自治区	726265	619866	206622	106399
海南省	109332	85725	28575	23607
重庆市	587512	443151	147717	144361
四川省	1329537	1015275	338425	314262
贵州省	614526	365460	121820	249066
云南省	2523772	941175	313725	1582597
西藏自治区	23692	23676	7892	16
陕西省	720253	569940	189980	150313
甘肃省	463788	358413	119471	105375
青海省	99857	89466	29822	10391
宁夏回族自治区	123725	106347	35449	17378
新疆维吾尔自治区	537586	458004	152668	79582

资料来源：“地方分享 25% 部分增值税”，《中国财政年鉴》（2001）；“消费税”，《中国税务年鉴》（2001）。

附表 10　2001 年上划中央两税　单位：万元

地区	两税合计	增值税		消费税
		中央分享 75% 部分	地方分享 25% 部分	
合计	49711665	40249752	13416584	9461913
北京市	1942528	1769871	589957	172657
天津市	1193843	1046211	348737	147632
河北省	1650506	1465440	488480	185066
山西省	967798	926115	308705	41683
内蒙古自治区	503763	445158	148386	58605
辽宁省	2456877	1995396	665132	461481
其中：大连市	678325	542931	180977	135394
吉林省	972450	726084	242028	246366
黑龙江省	1815894	1576653	525551	239241
上海市	4123374	3358533	1119511	764841
江苏省	4445970	3959793	1319931	486177
浙江省	3551366	3072258	1024086	479108
其中：宁波市	912007	680982	226994	231025
安徽省	1173689	848364	282788	325325
福建省	1543304	1223328	407776	319976
其中：厦门市	454159	339759	113253	114400
江西省	681913	516972	172324	164941
山东省	3466945	3008754	1002918	458191
其中：青岛市	659206	542310	180770	116896
河南省	1693460	1330644	443548	362816
湖北省	1422786	1113924	371308	308862
湖南省	1562984	881421	293807	681563
广东省	5973647	5174379	1724793	799268
其中：深圳市	985050	881505	293835	103545
广西壮族自治区	843808	715950	238650	127858
海南省	134563	105558	35186	29005
重庆市	697688	532809	177603	164879
四川省	1445411	1140255	380085	305156
贵州省	682546	427866	142622	254680
云南省	2413317	1008636	336212	1404681
西藏自治区	25487	25479	8493	8
陕西省	901718	699954	233318	201764
甘肃省	541983	401274	133758	140709
青海省	127359	115500	38500	11859
宁夏回族自治区	131297	115590	38530	15707
新疆维吾尔自治区	623391	521583	173861	101808

资料来源："地方分享 25% 部分增值税"，《中国财政年鉴》（2002）；"消费税"，《中国税务年鉴》（2002）。

附表 11　　2002 年上划中央两税　　单位：万元

地区	两税合计	增值税		消费税
		中央分享 75% 部分	地方分享 25% 部分	
合计	57146108	46421361	15473787	10724747
北京市	2179493	2000652	666884	178841
天津市	1362390	1161945	387315	200445
河北省	1891750	1658904	552968	232846
山西省	1199152	1143198	381066	55954
内蒙古自治区	591706	524808	174936	66898
辽宁省	2678841	2228199	742733	450642
其中：大连市	679416	570246	190082	109170
吉林省	1087837	823323	274441	264514
黑龙江省	1945948	1675635	558545	270313
上海市	5091611	4104756	1368252	986855
江苏省	5155845	4596828	1532276	559017
浙江省	4496178	3891663	1297221	604515
其中：宁波市	1143903	841878	280626	302025
安徽省	1352650	975246	325082	377404
福建省	1755468	1422957	474319	332511
其中：厦门市	488851	369468	123156	119383
江西省	756850	561744	187248	195106
山东省	3898599	3336957	1112319	561642
其中：青岛市	767529	626061	208687	141468
河南省	1902395	1477362	492454	425033
湖北省	1545730	1199145	399715	346585
湖南省	1655490	956901	318967	698589
广东省	6960821	6173751	2057917	787070
其中：深圳市	1322567	1207137	402379	115430
广西壮族自治区	927914	790116	263372	137798
海南省	153063	117798	39266	35265
重庆市	817610	623964	207988	193646
四川省	1612837	1255815	418605	357022
贵州省	762391	510468	170156	251923
云南省	2592613	1032693	344231	1559920
西藏自治区	25767	25755	8585	12
陕西省	1019877	793971	264657	225906
甘肃省	633883	452160	150720	181723
青海省	150875	138171	46057	12704
宁夏回族自治区	156291	131550	43850	24741
新疆维吾尔自治区	784233	634926	211642	149307

资料来源：“地方分享 25% 部分增值税”，《中国财政年鉴》（2003）；“消费税”，《中国税务年鉴》（2003）。

附表 12　　2003 年上划中央两税　　单位：万元

地区	两税合计	增值税		消费税
		中央分享 75% 部分	地方分享 25% 部分	
合计	66546415	54329670	18109890	12216745
北京市	2479031	2257659	752553	221372
天津市	1645196	1355775	451925	289421
河北省	2310903	2061579	687193	249324
山西省	1604680	1540722	513574	63958
内蒙古自治区	764304	677820	225940	86484
辽宁省	3072920	2564721	854907	508199
其中：大连市	768447	635907	211969	132540
吉林省	1263580	920631	306877	342949
黑龙江省	2056823	1759200	586400	297623
上海市	6332517	5105994	1701998	1226523
江苏省	6097586	5442975	1814325	654611
浙江省	5379354	4650180	1550060	729174
其中：宁波市	1354842	1019946	339982	334896
安徽省	1512208	1108551	369517	403657
福建省	1989840	1631883	543961	357957
其中：厦门市	557155	419607	139869	137548
江西省	921142	692049	230683	229093
山东省	4412528	3782472	1260824	630056
其中：青岛市	868660	677229	225743	191431
河南省	2182933	1738434	579478	444499
湖北省	1749493	1369233	456411	380260
湖南省	1836914	1083549	361183	753365
广东省	7968801	7010505	2336835	958296
其中：深圳市	1623692	1493673	497891	130019
广西壮族自治区	1026562	860751	286917	165811
海南省	232503	190911	63637	41592
重庆市	957671	739803	246601	217868
四川省	1805511	1442895	480965	362616
贵州省	894075	582783	194261	311292
云南省	2811011	1173300	391100	1637711
西藏自治区	28147	28092	9364	55
陕西省	1201450	949179	316393	252271
甘肃省	764219	543690	181230	220529
青海省	172431	157509	52503	14922
宁夏回族自治区	177569	151272	50424	26297
新疆维吾尔自治区	894513	755553	251851	138960

资料来源："地方分享 25% 部分增值税"，《中国财政年鉴》（2004）；"消费税"，《中国税务年鉴》（2004）。

附表 13　　2004 年上划中央两税　　单位：万元

地区	两税合计	增值税		消费税
		中央分享 75% 部分	地方分享 25% 部分	
合计	81637755	66132918	22044306	15504837
北京市	2802179	2495766	831922	306413
天津市	1934347	1581939	527313	352408
河北省	3167801	2844357	948119	323444
山西省	2324547	2254149	751383	70398
内蒙古自治区	1089480	986655	328885	102825
辽宁省	3518062	2889873	963291	628189
其中：大连市	804293	620421	206807	183872
吉林省	1540633	1030707	343569	509926
黑龙江省	2616433	2264985	754995	351448
上海市	7423309	5981496	1993832	1441813
江苏省	7779683	6867264	2289088	912419
浙江省	6038237	5151465	1717155	886772
其中：宁波市	1523604	1132404	377468	391200
安徽省	1907364	1373631	457877	533733
福建省	2294157	1879956	626652	414201
其中：厦门市	664349	505803	168601	158546
江西省	1109403	847899	282633	261504
山东省	5427563	4646913	1548971	780650
其中：青岛市	933270	719985	239995	213285
河南省	2678039	2148699	716233	529340
湖北省	2162613	1630224	543408	532389
湖南省	2452662	1457760	485920	994902
广东省	9628419	8317230	2772410	1311189
其中：深圳市	1970668	1817907	605969	152761
广西壮族自治区	1248438	1035666	345222	212772
海南省	297637	243468	81156	54169
重庆市	1136946	879561	293187	257385
四川省	2130594	1727577	575859	403017
贵州省	1143054	740700	246900	402354
云南省	3458340	1449315	483105	2009025
西藏自治区	33507	33375	11125	132
陕西省	1664667	1295532	431844	369135
甘肃省	945822	687084	229028	258738
青海省	206928	193176	64392	13752
宁夏回族自治区	251894	216465	72155	35429
新疆维吾尔自治区	1224997	980031	326677	244966

资料来源："地方分享 25% 部分增值税"，《中国财政年鉴》（2005）；"消费税"，《中国税务年鉴》（2005）。

附表 14　　2005 年上划中央两税　　单位：万元

地区	两税合计	增值税		消费税
		中央分享 75% 部分	地方分享 25% 部分	
合计	96187680	79326633	26442211	16861047
北京市	3275474	2927928	975976	347546
天津市	2374881	1927131	642377	447750
河北省	3990076	3631038	1210346	359038
山西省	3160994	3080856	1026952	80138
内蒙古自治区	1571460	1453407	484469	118053
辽宁省	4065765	3391701	1130567	674064
其中：大连市	871342	693021	231007	178321
吉林省	1739244	1185984	395328	553260
黑龙江省	2889947	2550468	850156	339479
上海市	8242610	6783708	2261236	1458902
江苏省	8955495	7967115	2655705	988380
浙江省	7039392	6127029	2042343	912363
其中：宁波市	1756624	1384737	461579	371887
安徽省	2343359	1731732	577244	611627
福建省	2633742	2193801	731267	439941
其中：厦门市	752170	588663	196221	163507
江西省	1299848	1016217	338739	283631
山东省	6630920	5790120	1930040	840800
其中：青岛市	1033209	796950	265650	236259
河南省	3191028	2639076	879692	551952
湖北省	2672950	1977294	659098	695656
湖南省	2948275	1767981	589327	1180294
广东省	11179006	9707562	3235854	1471444
其中：深圳市	2391536	2215542	738514	175994
广西壮族自治区	1427122	1179801	393267	247321
海南省	351497	292185	97395	59312
重庆市	1288184	1009644	336548	278540
四川省	2574936	2132211	710737	442725
贵州省	1409696	941100	313700	468596
云南省	3707933	1680573	560191	2027360
西藏自治区	35562	35472	11824	90
陕西省	2074806	1660314	553438	414492
甘肃省	1038326	760011	253337	278315
青海省	248143	235134	78378	13009
宁夏回族自治区	310984	261954	87318	49030
新疆维吾尔自治区	1516025	1288086	429362	227939

资料来源："地方分享 25% 部分增值税"，《中国财政年鉴》（2006）；"消费税"，《中国税务年鉴》（2006）。

附表 15　　2006 年上划中央两税　　单位：万元

地区	两税合计	增值税		消费税
		中央分享 75% 部分	地方分享 25% 部分	
合计	114748106	95891412	31963804	18856694
北京市	3942831	3533952	1177984	408879
天津市	2858690	2420043	806681	438647
河北省	4629319	4216500	1405500	412819
山西省	3651513	3565095	1188365	86418
内蒙古自治区	1921626	1784439	594813	137187
辽宁省	4576694	3732087	1244029	844607
其中：大连市	961539	791472	263824	170067
吉林省	1893065	1289214	429738	603851
黑龙江省	3440380	3095853	1031951	344527
上海市	9652345	8106390	2702130	1545955
江苏省	11030256	9883038	3294346	1147218
浙江省	8514063	7459017	2486339	1055046
其中：宁波市	2130914	1673241	557747	457673
安徽省	2744248	2075433	691811	668815
福建省	3145978	2634903	878301	511075
其中：厦门市	916308	738255	246085	178053
江西省	1575576	1235277	411759	340299
山东省	8206600	7285035	2428345	921565
其中：青岛市	1237531	994977	331659	242554
河南省	3823844	3175191	1058397	648653
湖北省	3244186	2334153	778051	910033
湖南省	3410490	2078439	692813	1332051
广东省	13467807	11939502	3979834	1528305
其中：深圳市	2955783	2877744	959248	78039
广西壮族自治区	1689039	1407294	469098	281745
海南省	391931	314853	104951	77078
重庆市	1507368	1161336	387112	346032
四川省	3064410	2542086	847362	522324
贵州省	1666341	1145634	381878	520707
云南省	4224062	2025057	675019	2199005
西藏自治区	45195	45195	15065	0
陕西省	2639781	2191554	730518	448227
甘肃省	1229181	942213	314071	286968
青海省	312913	292641	97547	20272
宁夏回族自治区	366044	330822	110274	35222
新疆维吾尔自治区	1882330	1649166	549722	233164

资料来源：“地方分享 25% 部分增值税”，《中国财政年鉴》（2007）；“消费税”，《中国税务年鉴》（2007）。

附表 16　　2007 年上划中央两税　　单位：万元

地区	两税合计	增值税		消费税
		中央分享 75% 部分	地方分享 25% 部分	
合计	138096841	116028651	38676217	22068190
北京市	4515456	4045272	1348424	470184
天津市	3338261	2844351	948117	493910
河北省	5517267	5042361	1680787	474906
山西省	4484732	4383408	1461136	101324
内蒙古自治区	2540258	2366784	788928	173474
辽宁省	5411305	4473345	1491115	937960
其中：大连市	1102632	942411	314137	160221
吉林省	2328487	1587666	529222	740821
黑龙江省	3560248	3178335	1059445	381913
上海市	11213764	9402615	3134205	1811149
江苏省	13777367	12414264	4138088	1363103
浙江省	10380901	9186714	3062238	1194187
其中：宁波市	2703028	2161896	720632	541132
安徽省	3244777	2471298	823766	773479
福建省	3823684	3212355	1070785	611329
其中：厦门市	1103214	884697	294899	218517
江西省	1964114	1591602	530534	372512
山东省	9762716	8723586	2907862	1039130
其中：青岛市	1488764	1213617	404539	275147
河南省	4684225	3898815	1299605	785410
湖北省	3902376	2809152	936384	1093224
湖南省	4151920	2590926	863642	1560994
广东省	16256498	14385345	4795115	1871153
其中：深圳市	3443319	3337635	1112545	105684
广西壮族自治区	2115302	1765287	588429	350015
海南省	553759	394047	131349	159712
重庆市	1883359	1459161	486387	424198
四川省	3677343	3093042	1031014	584301
贵州省	1948534	1378242	459414	570292
云南省	5111436	2571669	857223	2539767
西藏自治区	62622	62622	20874	0
陕西省	3214075	2686611	895537	527464
甘肃省	1547676	1210872	403624	336804
青海省	396102	374433	124811	21669
宁夏回族自治区	461587	425991	141997	35596
新疆维吾尔自治区	2266690	1998480	666160	268210

资料来源："地方分享 25% 部分增值税"，《中国财政年鉴》（2008）；"消费税"，《中国税务年鉴》（2008）。

附表 17　　2008 年上划中央两税　　单位：万元

地区	两税合计	增值税		消费税
		中央分享 75% 部分	地方分享 25% 部分	
合计	160657753	134975250	44991750	25682503
北京市	5261813	4750089	1583363	511724
天津市	3843391	3290523	1096841	552868
河北省	6481144	5905917	1968639	575227
山西省	6033783	5912100	1970700	121683
内蒙古自治区	3323502	3100266	1033422	223236
辽宁省	6178543	5182920	1727640	995623
其中：大连市	1292223	1087800	362600	204423
吉林省	2946097	1907346	635782	1038751
黑龙江省	4280686	3882399	1294133	398287
上海市	12109212	10046646	3348882	2062566
江苏省	16223803	14491101	4830367	1732702
浙江省	11786009	10467492	3489164	1318517
其中：宁波市	2950006	2350782	783594	599224
安徽省	3753649	2902599	967533	851050
福建省	4398368	3723378	1241126	674990
其中：厦门市	1304145	1049421	349807	254724
江西省	2334988	1928748	642916	406240
山东省	11151114	10013289	3337763	1137825
其中：青岛市	1715393	1370520	456840	344873
河南省	5494003	4616847	1538949	877156
湖北省	4530728	3202113	1067371	1328615
湖南省	4707917	2860917	953639	1847000
广东省	18646097	16585530	5528510	2060567
其中：深圳市	4002629	3874209	1291403	128420
广西壮族自治区	2398186	1975521	658507	422665
海南省	582248	407136	135712	175112
重庆市	2227903	1738116	579372	489787
四川省	4230231	3502110	1167370	728121
贵州省	2319885	1654332	551444	665553
云南省	6120343	2982258	994086	3138085
西藏自治区	82395	82395	27465	0
陕西省	3902281	3296559	1098853	605722
甘肃省	1544747	1137360	379120	407387
青海省	450676	437028	145676	13648
宁夏回族自治区	592553	551379	183793	41174
新疆维吾尔自治区	2721458	2440836	813612	280622

资料来源："地方分享 25% 部分增值税"，《中国财政年鉴》（2009）；"消费税"，《中国税务年鉴》（2009）。

附表 18　　2009 年上划中央两税　　单位：万元

地区	两税合计	增值税		消费税
		中央分享 75% 部分	地方分享 25% 部分	
合计	184569840	136957785	45652595	47612084
北京市	6560664	5391960	1797320	1168704
天津市	3959669	2972451	990817	987220
河北省	7096656	5719134	1906378	1377524
山西省	5466777	5268255	1756085	198524
内蒙古自治区	3685324	3286917	1095639	398406
辽宁省	8569221	4906935	1635645	3662288
其中：大连市	2478363	1158519	386173	1319844
吉林省	3475922	1997082	665694	1478840
黑龙江省	4519816	3130239	1043413	1389577
上海市	14605219	11174100	3724700	3431119
江苏省	18429487	15497748	5165916	2931742
浙江省	13714566	11056419	3685473	2658144
其中：宁波市	4013321	2353965	784655	1659354
安徽省	4480674	3185361	1061787	1295317
福建省	5060656	3886281	1295427	1174375
其中：厦门市	1443085	1151247	383749	291838
江西省	2736045	2002122	667374	733924
山东省	12519409	9734538	3244846	2784870
其中：青岛市	2470774	1486794	495598	983981
河南省	5672324	4224459	1408153	1447864
湖北省	5449058	3418923	1139641	2030133
湖南省	5356946	2897520	965840	2459426
广东省	21329230	17408052	5802684	3921182
其中：深圳市	4506804	4304061	1434687	202743
广西壮族自治区	2597473	1950267	650089	647208
海南省	1057517	402636	134212	654882
重庆市	2470522	1860282	620094	610242
四川省	4803289	3718422	1239474	1084866
贵州省	2554194	1724223	574741	829970
云南省	6561155	2925780	975260	3635395
西藏自治区	89530	85149	28383	4381
陕西省	5053928	3336948	1112316	1716975
甘肃省	2437337	1113288	371096	1324049
青海省	533197	449199	149733	83998
宁夏回族自治区	655844	504294	168098	151550
新疆维吾尔自治区	3068191	1728801	576267	1339389

资料来源："地方分享 25% 部分增值税"，《中国财政年鉴》（2010）；"消费税"，《中国税务年鉴》（2010）。

五、历年各地区所得税

附表 19　　2002 年中央分享所得税　　单位：万元

地区	中央分享 50% 部分所得税	地方分享 50% 部分所得税	
		企业所得税	个人所得税
合计	17239964	11181668	6058296
北京市	1637377	1024446	612931
天津市	394465	262430	132035
河北省	549495	333815	215680
山西省	225873	125977	99896
内蒙古自治区	147364	90287	57077
辽宁省	697026	413513	283513
其中：大连市	197283	111509	85774
吉林省	232222	142299	89923
黑龙江省	262219	136383	125836
上海市	2065449	1394646	670803
江苏省	1357998	948659	409339
浙江省	1516881	1081388	435493
其中：宁波市	323397	232835	90562
安徽省	301554	207236	94318
福建省	606063	370633	235430
其中：厦门市	132339	84624	47715
江西省	182767	105994	76773
山东省	1094868	783934	310934
其中：青岛市	185432	129225	56207
河南省	497893	319701	178192
湖北省	375070	244294	130776
湖南省	293665	154343	139322
广东省	2824948	1820682	1004266
其中：深圳市	733050	439981	293069
广西壮族自治区	259819	143823	115996
海南省	65436	32958	32478
重庆市	176426	92934	83492
四川省	443868	290009	153859
贵州省	143284	87717	55567
云南省	352233	257779	94454
西藏自治区	10242	7277	2965
陕西省	213154	139069	74085
甘肃省	106974	66054	40920
青海省	22114	13412	8702
宁夏回族自治区	32904	18412	14492
新疆维吾尔自治区	150313	71564	78749

资料来源：《中国财政年鉴》(2003)。

附表 20　　2003 年中央分享所得税　　单位：万元

地区	中央分享 60% 部分所得税	地方分享 40% 部分所得税	
		企业所得税	个人所得税
合计	24161274	10435041	5672469
北京市	2263670	937007	572106
天津市	545054	238022	125347
河北省	702566	286917	181460
山西省	342258	142312	85860
内蒙古自治区	188855	71615	54288
辽宁省	892313	359313	235562
其中：大连市	251906	96637	71300
吉林省	294137	118021	78070
黑龙江省	326402	107808	109793
上海市	3269442	1461501	718127
江苏省	1992638	926878	401547
浙江省	2284590	1065165	457895
其中：宁波市	508661	241704	97403
安徽省	409317	190470	82408
福建省	871028	368133	212552
其中：厦门市	206249	91361	46138
江西省	255297	97435	72763
山东省	1386966	664382	260262
其中：青岛市	254981	120726	49261
河南省	671117	291370	156041
湖北省	492414	213471	114805
湖南省	384294	134574	121622
广东省	3971786	1700183	947674
其中：深圳市	979149	380418	272348
广西壮族自治区	351062	130545	103496
海南省	80768	26044	27801
重庆市	249608	87694	78711
四川省	586683	247547	143575
贵州省	207818	84133	54412
云南省	448221	214963	83851
西藏自治区	15017	7160	2851
陕西省	294672	127942	68506
甘肃省	134831	53111	36776
青海省	30012	12177	7831
宁夏回族自治区	44801	16846	13021
新疆维吾尔自治区	173637	52302	63456

资料来源：《中国财政年鉴》（2004）。

附表 21　　2004 年中央分享所得税　　单位：万元

地区	中央分享 60% 部分所得税	地方分享 40% 部分所得税	
		企业所得税	个人所得税
合计	30969270	13699555	6946621
北京市	2925494	1216972	733357
天津市	720891	320771	159823
河北省	902468	380189	221456
山西省	479385	215730	103860
内蒙古自治区	234159	82523	73583
辽宁省	1169456	498320	281317
其中：大连市	293385	119944	75646
吉林省	324476	123664	92653
黑龙江省	381105	121104	132966
上海市	4405143	2049897	886865
江苏省	2870325	1385232	528318
浙江省	3059001	1477279	562055
其中：宁波市	702252	343786	124382
安徽省	539022	256401	102947
福建省	1084652	477799	245302
其中：厦门市	261674	118042	56407
江西省	338679	133498	92288
山东省	1770573	860747	319635
其中：青岛市	358422	175230	63718
河南省	864482	383103	193218
湖北省	627833	281450	137105
湖南省	476994	175167	142829
广东省	4588410	1943840	1115100
其中：深圳市	1134314	426161	330048
广西壮族自治区	412011	151860	122814
海南省	97497	33532	31466
重庆市	301098	111373	89359
四川省	727595	308566	176497
贵州省	284592	119186	70542
云南省	566358	277043	100529
西藏自治区	16580	7417	3636
陕西省	339564	144206	82170
甘肃省	158216	62438	43039
青海省	36791	16079	8448
宁夏回族自治区	59706	21145	18659
新疆维吾尔自治区	206714	63024	74785

资料来源：《中国财政年鉴》（2005）。

附表 22　　2005 年中央分享所得税　　单位：万元

地区	中央分享 60% 部分所得税	地方分享 40% 部分所得税	
		企业所得税	个人所得税
合计	38758073	17459018	8379693
北京市	3739271	1647615	845232
天津市	903572	414157	188224
河北省	1224126	533681	282403
山西省	760128	369947	136805
内蒙古自治区	441351	193550	100684
辽宁省	1575063	721990	328052
其中：大连市	339146	141823	84274
吉林省	375572	139160	111221
黑龙江省	512081	185764	155623
上海市	5416103	2491494	1119241
江苏省	3658373	1776961	661954
浙江省	3510569	1679185	661194
其中：宁波市	797510	378260	153413
安徽省	638658	300808	124964
福建省	1225175	542646	274137
其中：厦门市	302948	136160	65805
江西省	430146	174115	112649
山东省	2245830	1108282	388938
其中：青岛市	451586	219775	81282
河南省	1104138	515639	220453
湖北省	847896	390641	174623
湖南省	578859	218340	167566
广东省	5533095	2364478	1324252
其中：深圳市	1435940	563156	394137
广西壮族自治区	496757	185408	145763
海南省	121431	45265	35689
重庆市	369719	139817	106662
四川省	930384	399414	220842
贵州省	374681	160814	88973
云南省	679374	333481	119435
西藏自治区	20031	8879	4475
陕西省	462264	205939	102237
甘肃省	204170	84320	51793
青海省	53528	25396	10289
宁夏回族自治区	72414	26077	22199
新疆维吾尔自治区	253314	75755	93121

资料来源：《中国财政年鉴》（2006）。

附表 23　　2006 年中央分享所得税　　单位：万元

地区	中央分享 60% 部分所得税	地方分享 40% 部分所得税	
		企业所得税	个人所得税
合计	47460599	21824992	9815402
北京市	4741991	2138573	1022754
天津市	1120620	534939	212141
河北省	1435800	663664	293536
山西省	1026288	527204	156988
内蒙古自治区	590501	272831	120836
辽宁省	1644464	739961	356348
其中：大连市	415584	180945	96111
吉林省	443748	178791	117041
黑龙江省	597165	237909	160201
上海市	6038103	2714672	1310730
江苏省	4538997	2208691	817307
浙江省	4278384	2042473	809783
其中：宁波市	927660	429470	188970
安徽省	825807	410851	139687
福建省	1569983	712278	334377
其中：厦门市	395510	180809	82864
江西省	555347	246651	123580
山东省	2911671	1482753	458361
其中：青岛市	556578	277010	94042
河南省	1414020	702140	240540
湖北省	1006838	475696	195529
湖南省	754187	300567	202224
广东省	6815750	2974640	1569193
其中：深圳市	1751600	675256	492477
广西壮族自治区	573474	234998	147318
海南省	145130	57109	39644
重庆市	440990	171603	122390
四川省	1218416	543877	268400
贵州省	486768	214095	110417
云南省	836357	413009	144562
西藏自治区	19820	8747	4466
陕西省	710829	341000	132886
甘肃省	247179	106902	57884
青海省	75950	36066	14567
宁夏回族自治区	85268	32246	24599
新疆维吾尔自治区	310754	100056	107113

资料来源：《中国财政年鉴》（2007）。

附表 24　　2007 年中央分享所得税　　单位：万元

地区	中央分享 60% 部分所得税	地方分享 40% 部分所得税	
		企业所得税	个人所得税
合计	66154319	31365053	12737821
北京市	6697940	3113296	1351997
天津市	1591007	767056	293615
河北省	1930829	921078	366141
山西省	1576338	843466	207426
内蒙古自治区	892706	419186	175951
辽宁省	2307531	1080575	457779
其中：大连市	649421	298536	134411
吉林省	668018	294126	151219
黑龙江省	768146	308702	203395
上海市	8930663	4259424	1694351
江苏省	6407511	3162171	1109503
浙江省	5655815	2745550	1024993
其中：宁波市	1276596	609537	241527
安徽省	1112889	559040	182886
福建省	2010108	925849	414223
其中：厦门市	515888	241239	102686
江西省	792111	379803	148271
山东省	3829748	1985020	568145
其中：青岛市	749655	381528	118242
河南省	1999785	1030612	302578
湖北省	1348805	652415	246788
湖南省	1025462	433601	250040
广东省	9431543	4286939	2000756
其中：深圳市	2866365	1238350	672560
广西壮族自治区	738624	300304	192112
海南省	200541	82455	51239
重庆市	628250	258432	160401
四川省	1783761	807684	381490
贵州省	669066	298814	147230
云南省	1123538	557110	191915
西藏自治区	27504	12529	5807
陕西省	963743	466198	176297
甘肃省	376880	179740	71513
青海省	103398	47526	21406
宁夏回族自治区	121311	45767	35107
新疆维吾尔自治区	440748	140585	153247

资料来源：《中国财政年鉴》（2008）。

附表 25　　2008 年中央分享所得税　　单位：万元

地区	中央分享 60% 部分所得税	地方分享 40% 部分所得税	
		企业所得税	个人所得税
合计	82441023	40079867	14880808
北京市	10065200	4996806	1713327
天津市	2042378	1039904	321681
河北省	2320578	1122229	424823
山西省	1694333	872894	256661
内蒙古自治区	1249485	592789	240201
辽宁省	2912600	1424442	517291
其中：大连市	830315	407896	145647
吉林省	901290	425935	174925
黑龙江省	1024397	460664	222267
上海市	11298969	5483707	2048939
江苏省	7922222	3989161	1292320
浙江省	6282087	3030972	1157086
其中：宁波市	1290654	604308	256128
安徽省	1442471	747311	214336
福建省	2433552	1172533	449835
其中：厦门市	594890	284615	111978
江西省	951270	474319	159861
山东省	4366469	2299728	611251
其中：青岛市	819902	419203	127398
河南省	2235896	1167573	323024
湖北省	1748996	885381	280616
湖南省	1176735	500184	284306
广东省	11584523	5359244	2363771
其中：深圳市	3628175	1507832	910951
广西壮族自治区	850601	372285	194782
海南省	313004	152931	55738
重庆市	791802	349614	178254
四川省	2014589	927357	415702
贵州省	811634	357011	184078
云南省	1338656	660305	232132
西藏自治区	38603	18684	7051
陕西省	1226519	590161	227518
甘肃省	431309	206233	81306
青海省	145713	71292	25850
宁夏回族自治区	153959	62400	40239
新疆维吾尔自治区	671183	265818	181637

资料来源：《中国财政年鉴》(2009)。

附表 26　　**2009 年中央分享所得税**　　单位：万元

地区	中央分享 60% 部分所得税	地方分享 40% 部分所得税	
		企业所得税	个人所得税
合计	82539506	39200944	15825388
北京市	9132963	4310274	1778368
天津市	1971477	957739	356579
河北省	2402445	1177538	424092
山西省	1932755	1018143	270360
内蒙古自治区	1567376	748129	296788
辽宁省	2610503	1250890	489445
其中：大连市	849066	407750	158294
吉林省	1015838	492000	185225
黑龙江省	1077924	511300	207316
上海市	10686608	4819996	2304409
江苏省	8220881	4078512	1402075
浙江省	6287670	2950644	1241136
其中：宁波市	1289594	592659	267070
安徽省	1543805	798857	230346
福建省	2561300	1232124	475409
其中：厦门市	665379	324405	119181
江西省	940047	462744	163954
山东省	4274558	2203040	646665
其中：青岛市	790352	388954	137947
河南省	2221983	1148055	333267
湖北省	1743027	867883	294135
湖南省	1223733	512100	303722
广东省	11430381	5230306	2389948
其中：深圳市	3765659	1584705	925734
广西壮族自治区	841583	360607	200448
海南省	380064	192007	61369
重庆市	939726	414051	212433
四川省	2305343	1093060	443835
贵州省	954990	423416	213244
云南省	1364471	652924	256723
西藏自治区	42342	20962	7266
陕西省	1366148	642021	268744
甘肃省	389081	169511	89876
青海省	179651	88601	31166
宁夏回族自治区	206943	92946	45016
新疆维吾尔自治区	723890	280564	202029

资料来源：《中国财政年鉴》（2010）。

六、历年各地区中央补助收入

附表 27 1995~2009 年中央对地方补助 单位：亿元

地区	1995 年	1996 年	1997 年	1998 年	1999 年	2000 年	2001 年	2002 年	2003 年	2004 年	2005 年	2006 年	2007 年	2008 年	2009 年
合计	2532.92	2672.34	2800.90	3285.33	3992.29	4747.67	6117.19	7352.71	8058.19	10222.44	11120.07	13589.39	17325.13	22170.49	28695.39
北京市	93.35	89.23	94.94	106.72	131.77	114.12	159.81	150.54	184.68	202.44	197.77	229.37	248.94	275.52	367.72
天津市	62.56	59.16	61.13	64.73	70.91	84.69	99.37	116.09	129.95	153.16	157.86	181.22	203.18	232.45	281.63
河北省	93.84	100.79	103.47	116.32	151.05	181.87	239.02	302.53	342.66	423.14	480.47	614.08	779.90	952.67	1263.02
山西省	50.86	53.52	55.05	63.35	86.84	113.75	161.78	194.63	223.79	290.74	320.92	404.20	516.10	619.95	815.33
内蒙古自治区	63.12	72.62	79.05	94.18	116.20	160.82	239.54	287.74	271.92	389.59	412.73	489.45	657.24	785.15	1023.20
辽宁省（不含单列市）	122.63	126.24	127.92	146.99	198.85	237.72	293.51	304.74	357.00	409.22	460.92	551.15	662.86	789.67	1005.44
大连市	30.63	31.67	30.87	34.90	31.01	40.48	42.90	50.32	55.28	69.29	64.31	67.96	72.07	78.13	92.57
吉林省	63.85	72.54	84.50	94.14	137.31	162.74	207.03	241.99	294.12	351.07	416.67	464.33	617.58	756.91	950.83
黑龙江省	94.96	87.51	94.49	124.75	184.26	214.62	272.85	311.65	322.46	453.82	515.93	612.37	806.79	998.68	1238.42
上海市	180.19	195.53	203.30	216.80	228.59	243.28	227.70	280.28	326.04	393.25	351.24	371.63	392.74	415.02	493.71
江苏省	163.26	167.87	174.57	192.60	203.45	218.25	234.64	294.19	334.65	436.08	399.51	474.40	535.84	642.99	879.71
浙江省（不含单列市）	93.70	95.54	101.64	111.03	118.90	130.61	137.47	199.07	221.91	283.73	248.65	274.05	316.82	380.07	542.11
宁波市	22.83	24.29	26.96	26.97	27.62	31.32	31.39	47.43	54.31	81.04	58.84	63.16	71.04	75.91	86.13
安徽省	62.27	72.55	75.38	98.80	132.91	161.71	227.46	253.89	293.45	354.08	400.85	530.45	717.79	914.70	1189.71
福建省（不含单列市）	57.40	57.24	59.19	62.46	68.71	75.41	82.67	103.73	120.91	151.12	151.75	198.87	249.18	322.00	462.83
厦门市	9.57	10.34	11.58	12.54	13.81	16.24	19.21	28.15	29.66	43.55	32.24	34.22	36.68	40.45	48.63
江西省	50.27	55.98	58.32	91.75	111.57	118.28	166.93	205.12	223.95	287.82	336.26	425.14	574.18	752.02	971.67
山东省（不含单列市）	100.06	108.63	111.60	126.08	141.79	154.83	172.98	234.32	277.62	344.61	401.48	514.34	612.26	763.28	1049.00
青岛市	30.47	30.40	32.10	32.08	32.33	36.27	36.15	48.40	51.99	68.15	58.37	63.24	68.48	76.61	92.60

续表

地区	1995年	1996年	1997年	1998年	1999年	2000年	2001年	2002年	2003年	2004年	2005年	2006年	2007年	2008年	2009年
河南省	103.18	107.69	111.63	136.19	175.02	206.16	262.13	331.54	391.35	496.90	598.14	791.53	1053.33	1309.58	1746.48
湖北省	89.83	97.91	100.78	136.51	163.08	182.50	276.28	291.35	311.15	404.95	464.59	637.85	798.31	1017.85	1304.20
湖南省	87.94	99.76	97.62	137.71	166.29	190.57	252.12	311.21	328.72	458.87	503.76	653.05	851.35	1084.99	1373.99
广东省（不含单列市）	169.43	155.03	156.45	171.28	181.35	197.01	215.47	310.93	349.24	430.61	387.32	425.48	479.82	559.64	780.21
深圳市	22.41	21.38	24.58	25.07	27.21	32.26	37.02	78.07	94.10	122.54	101.00	105.86	108.25	116.15	127.76
广西壮族自治区	66.08	73.01	75.00	85.48	100.64	124.83	183.96	217.73	237.88	303.43	356.76	445.56	621.91	790.86	995.25
海南省	13.31	14.85	15.82	17.83	22.18	28.74	37.72	48.67	62.24	76.21	86.98	104.52	143.87	215.72	271.80
重庆市	27.87	34.07	56.39	69.97	89.80	119.98	157.85	208.65	195.24	237.67	266.14	336.05	411.08	514.31	669.44
四川省	102.45	114.85	104.18	124.21	161.07	230.26	336.19	410.21	407.41	539.65	611.56	769.92	1042.82	1953.15	2470.20
贵州省	48.59	54.45	58.30	70.96	96.16	124.13	175.73	210.03	216.07	282.83	333.06	391.37	565.42	726.38	920.82
云南省	138.86	143.22	149.24	165.94	193.78	231.95	292.29	310.52	345.95	403.65	436.20	513.16	689.53	848.69	1147.61
西藏自治区	31.34	31.21	34.64	41.55	57.27	63.60	98.63	131.15	133.59	136.16	191.53	205.63	286.99	357.86	470.95
陕西省	51.60	55.40	60.07	76.05	103.20	168.90	214.19	243.05	249.52	348.57	386.77	466.70	634.80	820.84	1028.24
甘肃省	46.72	52.90	57.40	71.62	92.00	126.70	171.49	191.11	212.33	279.05	310.47	385.84	512.30	741.30	884.50
青海省	19.07	21.84	24.83	30.15	43.44	55.14	92.73	98.39	95.29	127.73	152.34	180.26	235.13	311.74	401.23
宁夏回族自治区	16.16	17.87	19.53	27.50	36.15	48.58	71.91	87.34	73.98	101.62	123.17	142.84	199.01	243.70	320.71
新疆维吾尔自治区	52.26	65.25	68.38	80.12	95.77	119.35	189.07	217.95	237.78	286.10	343.51	470.14	551.54	685.55	927.74

资料来源：历年《中国财政年鉴》。

七、历年中央对各地区两税返还

附表 28　　**1994～2009 年中央对地方两税返还**　　单位：亿元

地区	1994 年	1995 年	1996 年	1997 年	1998 年	1999 年	2000 年	2001 年	2002 年	2003 年	2004 年	2005 年	2006 年	2007 年	2008 年	2009 年
合计	1798.99	1867.27	1948.65	2011.64	2082.81	2120.58	2206.55	2308.87	2409.60	2527.26	2711.49	2859.32	3027.80	3214.71	3371.97	3422.62
北京市	66.41	69.44	71.12	73.55	76.39	77.74	80.73	86.78	89.96	93.68	97.41	102.33	108.64	113.38	119.00	124.29
天津市	42.32	44.84	45.53	45.55	47.11	48.27	51.15	55.74	57.58	60.73	65.22	69.99	75.87	79.69	83.31	81.28
河北省	71.73	73.82	76.78	79.88	82.60	84.21	85.08	87.84	91.70	97.79	108.59	117.05	122.69	129.75	136.56	136.21
山西省	36.27	39.05	40.90	41.88	43.04	42.09	43.44	46.16	49.47	54.49	61.88	68.56	71.75	76.66	84.60	82.22
内蒙古自治区	28.84	29.06	29.98	30.50	31.27	31.59	32.04	33.21	34.95	38.01	42.84	48.53	51.77	56.77	62.02	63.50
辽宁省（不含单列市）	92.57	93.00	95.66	96.10	97.41	97.69	99.99	103.84	107.85	112.78	118.93	125.25	130.20	137.69	143.23	140.65
大连市	19.41	20.52	21.31	21.59	22.68	23.40	25.34	27.87	27.69	28.80	29.45	30.27	31.77	33.16	34.87	35.91
吉林省	41.36	42.81	44.52	46.17	46.94	47.59	48.30	51.38	53.17	55.76	59.45	61.75	63.39	67.76	73.15	74.21
黑龙江省	49.41	53.29	55.41	56.89	58.03	58.42	61.05	63.69	65.06	66.17	71.52	73.76	77.97	78.79	83.57	79.66
上海市	144.20	149.82	157.43	161.97	168.64	173.16	179.74	188.84	201.83	216.21	229.49	236.68	250.78	262.93	269.26	280.81
江苏省	131.31	136.95	143.30	150.58	156.52	160.62	171.77	183.21	191.99	202.51	220.18	233.49	249.72	268.38	282.68	289.18
浙江省（不含单列市）	80.74	84.48	88.15	92.22	96.52	100.18	110.05	113.78	123.00	130.40	135.71	142.65	151.57	160.79	168.07	172.79
宁波市	17.55	18.43	19.51	20.27	21.47	22.64	25.82	27.07	29.14	30.74	32.17	33.69	35.85	38.74	39.80	40.13
安徽省	45.10	47.06	50.60	52.78	54.95	55.54	56.05	57.21	59.83	61.94	66.75	71.32	74.98	79.08	82.80	86.20
福建省（不含单列市）	39.43	41.54	42.51	43.73	45.63	46.72	49.66	51.68	54.29	56.43	59.12	61.86	65.30	69.61	72.48	73.99
厦门市	9.73	10.06	10.61	11.09	11.85	12.32	14.64	15.25	15.55	16.19	17.68	18.37	19.61	20.81	21.95	22.65
江西省	31.49	31.98	33.20	32.72	33.62	33.90	36.00	37.44	38.68	41.20	43.74	45.99	48.91	52.53	55.51	56.74
山东省（不含单列市）	75.12	78.58	85.42	88.67	92.74	94.57	97.13	100.01	103.47	107.66	116.47	125.05	134.24	141.78	147.76	146.53
青岛市	23.16	24.10	25.27	26.44	27.47	28.19	28.91	30.88	32.41	33.56	34.41	35.51	37.63	39.92	41.75	43.49

续表

地区	1994 年	1995 年	1996 年	1997 年	1998 年	1999 年	2000 年	2001 年	2002 年	2003 年	2004 年	2005 年	2006 年	2007 年	2008 年	2009 年
河南省	73.53	76.61	80.30	82.63	87.25	86.19	88.11	89.97	93.32	97.45	104.09	110.07	116.62	124.49	130.95	129.56
湖北省	63.82	66.29	69.07	72.28	74.12	75.08	76.79	79.03	81.09	84.29	90.23	96.62	102.81	109.07	114.34	117.95
湖南省	68.66	70.64	73.05	75.32	77.46	78.69	80.26	82.17	83.62	86.37	94.93	100.69	105.43	112.30	116.81	119.45
广东省（不含单列市）	134.30	141.10	146.99	151.76	157.50	162.61	173.15	187.61	194.87	202.09	216.62	226.40	240.10	255.86	266.82	270.45
深圳市	19.21	21.22	22.76	24.38	25.61	27.10	30.94	34.36	37.86	40.46	45.22	48.19	52.27	54.85	57.52	59.69
广西壮族自治区	46.63	47.88	48.60	49.71	50.86	51.25	52.49	54.95	56.60	58.40	62.15	64.83	68.40	73.58	76.53	77.61
海南省	5.82	5.86	6.02	6.19	6.34	6.50	6.79	7.32	7.60	8.78	9.53	10.04	10.31	11.69	11.87	11.90
重庆市	22.73	23.50	23.71	31.96	32.97	33.44	35.11	37.08	38.99	41.00	43.31	45.03	47.33	50.87	53.67	55.41
四川省	75.12	76.57	79.78	74.20	76.25	77.49	79.54	81.61	84.44	87.47	92.19	97.96	103.55	109.76	114.71	118.78
贵州省	31.77	32.39	33.74	34.81	36.53	36.91	37.36	38.50	39.85	41.80	45.24	48.52	51.24	53.84	56.92	58.65
云南省	118.24	119.33	122.26	124.50	129.30	131.00	130.95	129.23	132.11	135.44	144.75	147.89	154.07	163.77	173.47	177.22
西藏自治区	0.49	0.82	1.03	1.51	1.76	2.16	2.35	2.53	2.59	2.81	3.34	3.56	4.68	6.26	8.24	8.95
陕西省	34.05	34.88	36.23	37.63	39.16	39.71	40.69	43.76	45.48	47.91	53.38	57.33	62.01	66.06	70.31	71.20
甘肃省	31.52	33.25	36.09	38.91	38.93	39.29	39.96	41.98	44.12	46.84	50.18	51.65	54.50	58.74	58.71	59.32
青海省	6.30	6.37	6.29	6.47	6.45	6.61	6.69	7.26	7.66	7.99	8.47	8.97	9.68	10.45	10.88	11.11
宁夏回族自治区	5.57	5.77	6.11	6.35	6.54	6.66	6.58	6.70	7.08	7.37	8.27	8.86	9.33	10.06	10.91	10.69
新疆维吾尔自治区	15.08	15.96	19.41	20.45	20.90	21.05	21.90	22.93	24.70	25.74	28.58	30.61	32.83	34.84	36.94	34.24

资料来源：1994～2007 年《地方财政统计资料》，2008～2009 年《地方财政运行》。

八、历年中央对各地区所得税基数返还

附表 29 **2002～2009 年中央对地方所得税基数返还** 单位：亿元

地区	2002 年	2003 年	2004 年	2005 年	2006 年	2007 年	2008 年	2009 年
合计	597.22	897.99	897.56	897.56	902.39	906.26	910.18	910.18
北京市	17.28	42.16	42.16	42.16	46.56	46.56	46.56	46.56
天津市	19.79	26.93	26.93	26.93	26.93	26.93	26.93	26.93
河北省	21.16	30.91	30.91	30.91	30.91	30.91	30.91	30.91
山西省	7.47	12.29	11.86	11.86	12.29	12.29	12.29	12.29
内蒙古自治区	7.28	10.70	10.70	10.70	10.70	10.70	10.70	10.70
辽宁省（不含单列市）	13.47	22.47	22.47	22.47	22.47	22.47	23.54	23.54
大连市	8.73	12.11	12.11	12.11	12.11	12.11	12.11	12.11
吉林省	7.02	11.92	11.92	11.92	11.92	11.92	11.92	11.92
黑龙江省	5.96	12.26	12.26	12.26	12.26	12.26	12.26	12.26
上海市	58.32	89.82	89.82	89.82	89.82	89.82	89.82	89.82
江苏省	52.55	76.11	76.11	76.11	76.11	76.11	76.11	76.11
浙江省（不含单列市）	48.41	67.19	67.19	67.19	67.19	67.19	67.19	67.19
宁波市	14.39	19.68	19.68	19.68	19.68	23.42	23.42	23.42
安徽省	14.69	19.49	19.49	19.49	19.49	19.49	19.49	19.49
福建省（不含单列市）	15.67	24.34	24.34	24.34	24.34	24.34	24.34	24.34
厦门市	7.93	10.30	10.30	10.30	10.30	10.30	10.30	10.30
江西省	4.20	7.76	7.76	7.76	7.76	7.76	7.76	7.76
山东省（不含单列市）	38.31	54.43	54.43	54.43	54.43	54.43	57.28	57.28
青岛市	8.99	12.12	12.12	12.12	12.12	12.12	12.12	12.12
河南省	18.21	29.09	29.09	29.09	29.09	29.09	29.09	29.09
湖北省	12.54	19.26	19.26	19.26	19.26	19.39	19.39	19.39
湖南省	10.72	16.99	16.99	16.99	16.99	16.99	16.99	16.99
广东省（不含单列市）	81.61	116.29	116.29	116.29	116.29	116.29	116.29	116.29
深圳市	37.49	46.81	46.81	46.81	46.81	46.81	46.81	46.81
广西壮族自治区	14.45	19.39	19.39	19.39	19.39	19.39	19.39	19.39
海南省	1.97	3.56	3.56	3.56	3.56	3.56	3.56	3.56
重庆市	5.82	9.68	9.68	9.68	9.68	9.68	9.68	9.68
四川省	17.76	27.95	27.95	27.95	27.95	27.95	27.95	27.95
贵州省	5.79	8.27	8.27	8.27	8.27	8.27	8.27	8.27
云南省	4.17	11.35	11.35	11.35	11.35	11.35	11.35	11.35
西藏自治区	0.72	0.93	0.93	0.93	0.93	0.93	0.93	0.93
陕西省	4.48	9.34	9.34	9.34	9.34	9.34	9.34	9.34
甘肃省	3.35	5.41	5.41	5.41	5.41	5.41	5.41	5.41
青海省	0.54	1.09	1.09	1.09	1.09	1.09	1.09	1.09
宁夏回族自治区	1.56	2.32	2.32	2.32	2.32	2.32	2.32	2.32
新疆维吾尔自治区	4.42	7.27	7.27	7.27	7.27	7.27	7.27	7.27

资料来源：1994～2007 年《地方财政统计资料》，2008～2009 年《地方财政运行》。

九、2004年中央对地方出口退税基数返还

附表30　　2004年中央对地方出口退税基数返还　　单位：亿元

地区	2004年
合计	441.53
北京市	18.84
天津市	16.80
河北省	8.30
山西省	5.41
内蒙古自治区	2.45
辽宁省（不含单列市）	6.31
大连市	10.17
吉林省	3.52
黑龙江省	1.89
上海市	50.49
江苏省	59.74
浙江省（不含单列市）	47.72
宁波市	18.80
安徽省	5.87
福建省（不含单列市）	14.22
厦门市	12.67
江西省	2.54
山东省（不含单列市）	17.75
青岛市	13.10
河南省	4.65
湖北省	4.25
湖南省	4.54
广东省（不含单列市）	65.30
深圳市	23.84
广西壮族自治区	2.87
海南省	1.06
重庆市	3.04
四川省	4.36
贵州省	0.89
云南省	2.58
西藏自治区	0.07
陕西省	3.34
甘肃省	1.27
青海省	0.39
宁夏回族自治区	0.93
新疆维吾尔自治区	1.56

资料来源：《地方财政统计资料》（2004）。

十、2009年中央对地方成品油价格和税费改革税收返还

附表31　　2009年中央对地方成品油价格和税费改革税收返还　　单位：亿元

地区	2009年
合计	1531.10
北京市	46.31
天津市	23.54
河北省	92.84
山西省	50.79
内蒙古自治区	44.44
辽宁省（不含单列市）	61.71
大连市	0.00
吉林省	23.76
黑龙江省	31.24
上海市	41.69
江苏省	119.90
浙江省（不含单列市）	118.69
宁波市	0.00
安徽省	51.04
福建省（不含单列市）	44.55
厦门市	0.00
江西省	34.69
山东省（不含单列市）	142.67
青岛市	0.00
河南省	71.50
湖北省	40.15
湖南省	49.17
广东省（不含单列市）	139.81
深圳市	0.00
广西壮族自治区	40.26
海南省	9.46
重庆市	22.11
四川省	62.15
贵州省	20.13
云南省	43.89
西藏自治区	3.85
陕西省	37.40
甘肃省	18.15
青海省	4.62
宁夏回族自治区	8.80
新疆维吾尔自治区	31.79

资料来源：《地方财政运行》（2009）。

十一、历年中央对各地区转移支付

附表 32　　1995 年中央对地方转移支付　　单位：亿元

地区	中央对地方补助总额	两税返还	转移支付
合计	2532.92	1867.27	665.65
北京市	93.35	69.44	23.91
天津市	62.56	44.84	17.72
河北省	93.84	73.82	20.02
山西省	50.86	39.05	11.81
内蒙古自治区	63.12	29.06	34.06
辽宁省（不含单列市）	122.63	93.00	29.63
大连市	30.63	20.52	10.11
吉林省	63.85	42.81	21.04
黑龙江省	94.96	53.29	41.67
上海市	180.19	149.82	30.37
江苏省	163.26	136.95	26.31
浙江省（不含单列市）	93.70	84.48	9.22
宁波市	22.83	18.43	4.40
安徽省	62.27	47.06	15.21
福建省（不含单列市）	57.40	41.54	15.86
厦门市	9.57	10.06	-0.49
江西省	50.27	31.98	18.29
山东省（不含单列市）	100.06	78.58	21.48
青岛市	30.47	24.10	6.37
河南省	103.18	76.61	26.57
湖北省	89.83	66.29	23.54
湖南省	87.94	70.64	17.30
广东省（不含单列市）	169.43	141.10	28.33
深圳市	22.41	21.22	1.19
广西壮族自治区	66.08	47.88	18.20
海南省	13.31	5.86	7.45
重庆市	27.87	23.50	4.37
四川省	102.45	76.57	25.88
贵州省	48.59	32.39	16.20
云南省	138.86	119.33	19.53
西藏自治区	31.34	0.82	30.52
陕西省	51.60	34.88	16.72
甘肃省	46.72	33.25	13.47
青海省	19.07	6.37	12.70
宁夏回族自治区	16.16	5.77	10.39
新疆维吾尔自治区	52.26	15.96	36.30

注："中央对地方补助总额"数据来源于《中国财政年鉴》（1996），中央对地方"两税返还"数据来源于《地方财政统计资料》（1995）。

附表 33　**1996 年中央对地方转移支付**　单位：亿元

地区	中央对地方补助总额	两税返还	转移支付
合计	2672.34	1948.65	723.69
北京市	89.23	71.12	18.11
天津市	59.16	45.53	13.63
河北省	100.79	76.78	24.01
山西省	53.52	40.90	12.62
内蒙古自治区	72.62	29.98	42.64
辽宁省（不含单列市）	126.24	95.66	30.58
大连市	31.67	21.31	10.36
吉林省	72.54	44.52	28.02
黑龙江省	87.51	55.41	32.10
上海市	195.53	157.43	38.10
江苏省	167.87	143.30	24.57
浙江省（不含单列市）	95.54	88.15	7.39
宁波市	24.29	19.51	4.78
安徽省	72.55	50.60	21.95
福建省（不含单列市）	57.24	42.51	14.73
厦门市	10.34	10.61	-0.27
江西省	55.98	33.20	22.78
山东省（不含单列市）	108.63	85.42	23.21
青岛市	30.40	25.27	5.13
河南省	107.69	80.30	27.39
湖北省	97.91	69.07	28.84
湖南省	99.76	73.05	26.71
广东省（不含单列市）	155.03	146.99	8.04
深圳市	21.38	22.76	-1.38
广西壮族自治区	73.01	48.60	24.41
海南省	14.85	6.02	8.83
重庆市	34.07	23.71	10.36
四川省	114.85	79.78	35.07
贵州省	54.45	33.74	20.71
云南省	143.22	122.26	20.96
西藏自治区	31.21	1.03	30.18
陕西省	55.40	36.23	19.17
甘肃省	52.90	36.09	16.81
青海省	21.84	6.29	15.55
宁夏回族自治区	17.87	6.11	11.76
新疆维吾尔自治区	65.25	19.41	45.84

注："中央对地方补助总额"数据来源于《中国财政年鉴》(1997)，中央对地方"两税返还"数据来源于《地方财政统计资料》(1996)。

附表 34　　1997 年中央对地方转移支付　　单位：亿元

地区	中央对地方补助总额	两税返还	转移支付
合计	2800.90	2011.64	789.26
北京市	94.94	73.55	21.39
天津市	61.13	45.55	15.58
河北省	103.47	79.88	23.59
山西省	55.05	41.88	13.17
内蒙古自治区	79.05	30.50	48.55
辽宁省（不含单列市）	127.92	96.10	31.82
大连市	30.87	21.59	9.28
吉林省	84.50	46.17	38.33
黑龙江省	94.49	56.89	37.60
上海市	203.30	161.97	41.33
江苏省	174.57	150.58	23.99
浙江省（不含单列市）	101.64	92.22	9.42
宁波市	26.96	20.27	6.69
安徽省	75.38	52.78	22.60
福建省（不含单列市）	59.19	43.73	15.46
厦门市	11.58	11.09	0.49
江西省	58.32	32.72	25.60
山东省（不含单列市）	111.60	88.67	22.93
青岛市	32.10	26.44	5.66
河南省	111.63	82.63	29.00
湖北省	100.78	72.28	28.50
湖南省	97.62	75.32	22.30
广东省（不含单列市）	156.45	151.76	4.69
深圳市	24.58	24.38	0.20
广西壮族自治区	75.00	49.71	25.29
海南省	15.82	6.19	9.63
重庆市	56.39	31.96	24.43
四川省	104.18	74.20	29.98
贵州省	58.30	34.81	23.49
云南省	149.24	124.50	24.74
西藏自治区	34.64	1.51	33.13
陕西省	60.07	37.63	22.44
甘肃省	57.40	38.91	18.49
青海省	24.83	6.47	18.36
宁夏回族自治区	19.53	6.35	13.18
新疆维吾尔自治区	68.38	20.45	47.93

注："中央对地方补助总额"数据来源于《中国财政年鉴》（1998），中央对地方"两税返还"数据来源于《地方财政统计资料》（1997）。

附表 35　**1998 年中央对地方转移支付**　单位：亿元

地区	中央对地方补助总额	两税返还	转移支付
合计	3285.33	2082.81	1202.52
北京市	106.72	76.39	30.33
天津市	64.73	47.11	17.62
河北省	116.32	82.60	33.72
山西省	63.35	43.04	20.31
内蒙古自治区	94.18	31.27	62.91
辽宁省（不含单列市）	146.99	97.41	49.58
大连市	34.90	22.68	12.22
吉林省	94.14	46.94	47.20
黑龙江省	124.75	58.03	66.72
上海市	216.80	168.64	48.16
江苏省	192.60	156.52	36.08
浙江省（不含单列市）	111.03	96.52	14.51
宁波市	26.97	21.47	5.50
安徽省	98.80	54.95	43.85
福建省（不含单列市）	62.46	45.63	16.83
厦门市	12.54	11.85	0.69
江西省	91.75	33.62	58.13
山东省（不含单列市）	126.08	92.74	33.34
青岛市	32.08	27.47	4.61
河南省	136.19	87.25	48.94
湖北省	136.51	74.12	62.39
湖南省	137.71	77.46	60.25
广东省（不含单列市）	171.28	157.50	13.78
深圳市	25.07	25.61	-0.54
广西壮族自治区	85.48	50.86	34.62
海南省	17.83	6.34	11.49
重庆市	69.97	32.97	37.00
四川省	124.21	76.25	47.96
贵州省	70.96	36.53	34.43
云南省	165.94	129.30	36.64
西藏自治区	41.55	1.76	39.79
陕西省	76.05	39.16	36.89
甘肃省	71.62	38.93	32.69
青海省	30.15	6.45	23.70
宁夏回族自治区	27.50	6.54	20.96
新疆维吾尔自治区	80.12	20.90	59.22

注：“中央对地方补助总额”数据来源于《中国财政年鉴》（1999），中央对地方“两税返还”数据来源于《地方财政统计资料》（1998）。

附表 36　　1999 年中央对地方转移支付　　单位：亿元

地区	中央对地方补助总额	两税返还	转移支付
合计	3992.29	2120.58	1871.71
北京市	131.77	77.74	54.03
天津市	70.91	48.27	22.64
河北省	151.05	84.21	66.84
山西省	86.84	42.09	44.75
内蒙古自治区	116.20	31.59	84.61
辽宁省（不含单列市）	198.85	97.69	101.16
大连市	31.01	23.40	7.61
吉林省	137.31	47.59	89.72
黑龙江省	184.26	58.42	125.84
上海市	228.59	173.16	55.43
江苏省	203.45	160.62	42.83
浙江省（不含单列市）	118.90	100.18	18.72
宁波市	27.62	22.64	4.98
安徽省	132.91	55.54	77.37
福建省（不含单列市）	68.71	46.72	21.99
厦门市	13.81	12.32	1.49
江西省	111.57	33.90	77.67
山东省（不含单列市）	141.79	94.57	47.22
青岛市	32.33	28.19	4.14
河南省	175.02	86.19	88.83
湖北省	163.08	75.08	88.00
湖南省	166.29	78.69	87.60
广东省（不含单列市）	181.35	162.61	18.74
深圳市	27.21	27.10	0.11
广西壮族自治区	100.64	51.25	49.39
海南省	22.18	6.50	15.68
重庆市	89.80	33.44	56.36
四川省	161.07	77.49	83.58
贵州省	96.16	36.91	59.25
云南省	193.78	131.00	62.78
西藏自治区	57.27	2.16	55.11
陕西省	103.20	39.71	63.49
甘肃省	92.00	39.29	52.71
青海省	43.44	6.61	36.83
宁夏回族自治区	36.15	6.66	29.49
新疆维吾尔自治区	95.77	21.05	74.72

注："中央对地方补助总额"数据来源于《中国财政年鉴》(2000)，中央对地方"两税返还"数据来源于《地方财政统计资料》(1999)。

附表 37　　**2000 年中央对地方转移支付**　　单位：亿元

地区	中央对地方补助总额	两税返还	转移支付
合计	4747.67	2206.55	2541.12
北京市	114.12	80.73	33.39
天津市	84.69	51.15	33.54
河北省	181.87	85.08	96.79
山西省	113.75	43.44	70.31
内蒙古自治区	160.82	32.04	128.78
辽宁省（不含单列市）	237.72	99.99	137.73
大连市	40.48	25.34	15.14
吉林省	162.74	48.30	114.44
黑龙江省	214.62	61.05	153.57
上海市	243.28	179.74	63.54
江苏省	218.25	171.77	46.48
浙江省（不含单列市）	130.61	110.05	20.56
宁波市	31.32	25.82	5.50
安徽省	161.71	56.05	105.66
福建省（不含单列市）	75.41	49.66	25.75
厦门市	16.24	14.64	1.60
江西省	118.28	36.00	82.28
山东省（不含单列市）	154.83	97.13	57.70
青岛市	36.27	28.91	7.36
河南省	206.16	88.11	118.05
湖北省	182.50	76.79	105.71
湖南省	190.57	80.26	110.31
广东省（不含单列市）	197.01	173.15	23.86
深圳市	32.26	30.94	1.32
广西壮族自治区	124.83	52.49	72.34
海南省	28.74	6.79	21.95
重庆市	119.98	35.11	84.87
四川省	230.26	79.54	150.72
贵州省	124.13	37.36	86.77
云南省	231.95	130.95	101.00
西藏自治区	63.60	2.35	61.25
陕西省	168.90	40.69	128.21
甘肃省	126.70	39.96	86.74
青海省	55.14	6.69	48.45
宁夏回族自治区	48.58	6.58	42.00
新疆维吾尔自治区	119.35	21.90	97.45

注：“中央对地方补助总额”数据来源于《中国财政年鉴》（2001），中央对地方“两税返还”数据来源于《地方财政统计资料》（2000）。

附表 38　　2001 年中央对地方转移支付　　单位：亿元

地区	中央对地方补助总额	两税返还	转移支付
合计	6117.19	2308.87	3808.32
北京市	159.81	86.78	73.03
天津市	99.37	55.74	43.63
河北省	239.02	87.84	151.18
山西省	161.78	46.16	115.62
内蒙古自治区	239.54	33.21	206.33
辽宁省（不含单列市）	293.51	103.84	189.67
大连市	42.90	27.87	15.03
吉林省	207.03	51.38	155.65
黑龙江省	272.85	63.69	209.16
上海市	227.70	188.84	38.86
江苏省	234.64	183.21	51.43
浙江省（不含单列市）	137.47	113.78	23.69
宁波市	31.39	27.07	4.32
安徽省	227.46	57.21	170.25
福建省（不含单列市）	82.67	51.68	30.99
厦门市	19.21	15.25	3.96
江西省	166.93	37.44	129.49
山东省（不含单列市）	172.98	100.01	72.97
青岛市	36.15	30.88	5.27
河南省	262.13	89.97	172.16
湖北省	276.28	79.03	197.25
湖南省	252.12	82.17	169.95
广东省（不含单列市）	215.47	187.61	27.86
深圳市	37.02	34.36	2.66
广西壮族自治区	183.96	54.95	129.01
海南省	37.72	7.32	30.40
重庆市	157.85	37.08	120.77
四川省	336.19	81.61	254.58
贵州省	175.73	38.50	137.23
云南省	292.29	129.23	163.06
西藏自治区	98.63	2.53	96.10
陕西省	214.19	43.76	170.43
甘肃省	171.49	41.98	129.51
青海省	92.73	7.26	85.47
宁夏回族自治区	71.91	6.70	65.21
新疆维吾尔自治区	189.07	22.93	166.14

注：“中央对地方补助总额”数据来源于《中国财政年鉴》（2002），中央对地方“两税返还”数据来源于《地方财政统计资料》（2001）。

附表 39　　**2002 年中央对地方转移支付**　　单位：亿元

地区	中央对地方补助总额	两税返还	所得税基数返还	转移支付
合计	7352.71	2409.60	597.22	4345.89
北京市	150.54	89.96	17.28	43.30
天津市	116.09	57.58	19.79	38.72
河北省	302.53	91.70	21.16	189.67
山西省	194.63	49.47	7.47	137.69
内蒙古自治区	287.74	34.95	7.28	245.51
辽宁省（不含单列市）	304.74	107.85	13.47	183.42
大连市	50.32	27.69	8.73	13.90
吉林省	241.99	53.17	7.02	181.80
黑龙江省	311.65	65.06	5.96	240.63
上海市	280.28	201.83	58.32	20.13
江苏省	294.19	191.99	52.55	49.65
浙江省（不含单列市）	199.07	123.00	48.41	27.66
宁波市	47.43	29.14	14.39	3.90
安徽省	253.89	59.83	14.69	179.37
福建省（不含单列市）	103.73	54.29	15.67	33.77
厦门市	28.15	15.55	7.93	4.67
江西省	205.12	38.68	4.20	162.24
山东省（不含单列市）	234.32	103.47	38.31	92.54
青岛市	48.40	32.41	8.99	7.00
河南省	331.54	93.32	18.21	220.01
湖北省	291.35	81.09	12.54	197.72
湖南省	311.21	83.62	10.72	216.87
广东省（不含单列市）	310.93	194.87	81.61	34.45
深圳市	78.07	37.86	37.49	2.72
广西壮族自治区	217.73	56.60	14.45	146.68
海南省	48.67	7.60	1.97	39.10
重庆市	208.65	38.99	5.82	163.84
四川省	410.21	84.44	17.76	308.01
贵州省	210.03	39.85	5.79	164.39
云南省	310.52	132.11	4.17	174.24
西藏自治区	131.15	2.59	0.72	127.84
陕西省	243.05	45.48	4.48	193.09
甘肃省	191.11	44.12	3.35	143.64
青海省	98.39	7.66	0.54	90.19
宁夏回族自治区	87.34	7.08	1.56	78.70
新疆维吾尔自治区	217.95	24.70	4.42	188.83

注："中央对地方补助总额"数据来源于《中国财政年鉴》(2003)，中央对地方"两税返还""所得税基数返还"数据来源于《地方财政统计资料》(2002)。

附表 40　　2003 年中央对地方转移支付　　单位：亿元

地区	中央对地方补助总额	两税返还	所得税基数返还	转移支付
合计	8058.19	2527.26	897.99	4632.94
北京市	184.68	93.68	42.16	48.84
天津市	129.95	60.73	26.93	42.29
河北省	342.66	97.79	30.91	213.96
山西省	223.79	54.49	12.29	157.01
内蒙古自治区	271.92	38.01	10.70	223.21
辽宁省（不含单列市）	357.00	112.78	22.47	221.75
大连市	55.28	28.80	12.11	14.37
吉林省	294.12	55.76	11.92	226.44
黑龙江省	322.46	66.17	12.26	244.03
上海市	326.04	216.21	89.82	20.01
江苏省	334.65	202.51	76.11	56.03
浙江省（不含单列市）	221.91	130.40	67.19	24.32
宁波市	54.31	30.74	19.68	3.89
安徽省	293.45	61.94	19.49	212.02
福建省（不含单列市）	120.91	56.43	24.34	40.14
厦门市	29.66	16.19	10.30	3.17
江西省	223.95	41.20	7.76	174.99
山东省（不含单列市）	277.62	107.66	54.43	115.53
青岛市	51.99	33.56	12.12	6.31
河南省	391.35	97.45	29.09	264.81
湖北省	311.15	84.29	19.26	207.60
湖南省	328.72	86.37	16.99	225.36
广东省（不含单列市）	349.24	202.09	116.29	30.86
深圳市	94.10	40.46	46.81	6.83
广西壮族自治区	237.88	58.40	19.39	160.09
海南省	62.24	8.78	3.56	49.90
重庆市	195.24	41.00	9.68	144.56
四川省	407.41	87.47	27.95	291.99
贵州省	216.07	41.80	8.27	166.00
云南省	345.95	135.44	11.35	199.16
西藏自治区	133.59	2.81	0.93	129.85
陕西省	249.52	47.91	9.34	192.27
甘肃省	212.33	46.84	5.41	160.08
青海省	95.29	7.99	1.09	86.21
宁夏回族自治区	73.98	7.37	2.32	64.29
新疆维吾尔自治区	237.78	25.74	7.27	204.77

注："中央对地方补助总额"数据来源于《中国财政年鉴》(2004)，中央对地方"两税返还""所得税基数返还"数据来源于《地方财政统计资料》(2003)。

附表 41 **2004 年中央对地方转移支付** 单位：亿元

地区	中央对地方补助总额	两税返还	所得税基数返还	出口退税基数返还	转移支付
合计	10222.44	2711.49	897.56	441.53	6171.86
北京市	202.44	97.41	42.16	18.84	44.03
天津市	153.16	65.22	26.93	16.80	44.21
河北省	423.14	108.59	30.91	8.30	275.34
山西省	290.74	61.88	11.86	5.41	211.59
内蒙古自治区	389.59	42.84	10.70	2.45	333.60
辽宁省（不含单列市）	409.22	118.93	22.47	6.31	261.51
大连市	69.29	29.45	12.11	10.17	17.56
吉林省	351.07	59.45	11.92	3.52	276.18
黑龙江省	453.82	71.52	12.26	1.89	368.15
上海市	393.25	229.49	89.82	50.49	23.45
江苏省	436.08	220.18	76.11	59.74	80.05
浙江省（不含单列市）	283.73	135.71	67.19	47.72	33.11
宁波市	81.04	32.17	19.68	18.80	10.39
安徽省	354.08	66.75	19.49	5.87	261.97
福建省（不含单列市）	151.12	59.12	24.34	14.22	53.44
厦门市	43.55	17.68	10.30	12.67	2.90
江西省	287.82	43.74	7.76	2.54	233.78
山东省（不含单列市）	344.61	116.47	54.43	17.75	155.96
青岛市	68.15	34.41	12.12	13.10	8.52
河南省	496.90	104.09	29.09	4.65	359.07
湖北省	404.95	90.23	19.26	4.25	291.21
湖南省	458.87	94.93	16.99	4.54	342.41
广东省（不含单列市）	430.61	216.62	116.29	65.30	32.40
深圳市	122.54	45.22	46.81	23.84	6.67
广西壮族自治区	303.43	62.15	19.39	2.87	219.02
海南省	76.21	9.53	3.56	1.06	62.06
重庆市	237.67	43.31	9.68	3.04	181.64
四川省	539.65	92.19	27.95	4.36	415.15
贵州省	282.83	45.24	8.27	0.89	228.43
云南省	403.65	144.75	11.35	2.58	244.97
西藏自治区	136.16	3.34	0.93	0.07	131.82
陕西省	348.57	53.38	9.34	3.34	282.51
甘肃省	279.05	50.18	5.41	1.27	222.19
青海省	127.73	8.47	1.09	0.39	117.78
宁夏回族自治区	101.62	8.27	2.32	0.93	90.10
新疆维吾尔自治区	286.10	28.58	7.27	1.56	248.69

注：“中央对地方补助总额”数据来源于《中国财政年鉴》(2005)，中央对地方“两税返还”“所得税基数返还”“出口退税基数返还”数据来源于《地方财政统计资料》(2004)。

附表 42　　2005 年中央对地方转移支付　　单位：亿元

地区	中央对地方补助总额	两税返还	所得税基数返还	转移支付
合计	11120.07	2859.32	897.56	7363.19
北京市	197.77	102.33	42.16	53.28
天津市	157.86	69.99	26.93	60.94
河北省	480.47	117.05	30.91	332.51
山西省	320.92	68.56	11.86	240.50
内蒙古自治区	412.73	48.53	10.70	353.50
辽宁省（不含单列市）	460.92	125.25	22.47	313.20
大连市	64.31	30.27	12.11	21.93
吉林省	416.67	61.75	11.92	343.00
黑龙江省	515.93	73.76	12.26	429.91
上海市	351.24	236.68	89.82	24.74
江苏省	399.51	233.49	76.11	89.91
浙江省（不含单列市）	248.65	142.65	67.19	38.81
宁波市	58.84	33.69	19.68	5.47
安徽省	400.85	71.32	19.49	310.04
福建省（不含单列市）	151.75	61.86	24.34	65.55
厦门市	32.24	18.37	10.30	3.57
江西省	336.26	45.99	7.76	282.51
山东省（不含单列市）	401.48	125.05	54.43	222.00
青岛市	58.37	35.51	12.12	10.74
河南省	598.14	110.07	29.09	458.98
湖北省	464.59	96.62	19.26	348.71
湖南省	503.76	100.69	16.99	386.08
广东省（不含单列市）	387.32	226.40	116.29	44.63
深圳市	101.00	48.19	46.81	6.00
广西壮族自治区	356.76	64.83	19.39	272.54
海南省	86.98	10.04	3.56	73.38
重庆市	266.14	45.03	9.68	211.43
四川省	611.56	97.96	27.95	485.65
贵州省	333.06	48.52	8.27	276.27
云南省	436.20	147.89	11.35	276.96
西藏自治区	191.53	3.56	0.93	187.04
陕西省	386.77	57.33	9.34	320.10
甘肃省	310.47	51.65	5.41	253.41
青海省	152.34	8.97	1.09	142.28
宁夏回族自治区	123.17	8.86	2.32	111.99
新疆维吾尔自治区	343.51	30.61	7.27	305.63

注："中央对地方补助总额"数据来源于《中国财政年鉴》(2006)，中央对地方"两税返还""所得税基数返还"数据来源于《地方财政统计资料》(2005)。

附表 43　**2006 年中央对地方转移支付**　单位：亿元

地区	中央对地方补助总额	两税返还	所得税基数返还	转移支付
合计	13589.39	3027.80	902.39	9659.20
北京市	229.37	108.64	46.56	74.17
天津市	181.22	75.87	26.93	78.42
河北省	614.08	122.69	30.91	460.48
山西省	404.20	71.75	12.29	320.16
内蒙古自治区	489.45	51.77	10.70	426.98
辽宁省（不含单列市）	551.15	130.20	22.47	398.48
大连市	67.96	31.77	12.11	24.08
吉林省	464.33	63.39	11.92	389.02
黑龙江省	612.37	77.97	12.26	522.14
上海市	371.63	250.78	89.82	31.03
江苏省	474.40	249.72	76.11	148.57
浙江省（不含单列市）	274.05	151.57	67.19	55.29
宁波市	63.16	35.85	19.68	7.63
安徽省	530.45	74.98	19.49	435.98
福建省（不含单列市）	198.87	65.30	24.34	109.23
厦门市	34.22	19.61	10.30	4.31
江西省	425.14	48.91	7.76	368.47
山东省（不含单列市）	514.34	134.24	54.43	325.67
青岛市	63.24	37.63	12.12	13.49
河南省	791.53	116.62	29.09	645.82
湖北省	637.85	102.81	19.26	515.78
湖南省	653.05	105.43	16.99	530.63
广东省（不含单列市）	425.48	240.10	116.29	69.09
深圳市	105.86	52.27	46.81	6.78
广西壮族自治区	445.56	68.40	19.39	357.77
海南省	104.52	10.31	3.56	90.65
重庆市	336.05	47.33	9.68	279.04
四川省	769.92	103.55	27.95	638.42
贵州省	391.37	51.24	8.27	331.86
云南省	513.16	154.07	11.35	347.74
西藏自治区	205.63	4.68	0.93	200.02
陕西省	466.70	62.01	9.34	395.35
甘肃省	385.84	54.50	5.41	325.93
青海省	180.26	9.68	1.09	169.49
宁夏回族自治区	142.84	9.33	2.32	131.19
新疆维吾尔自治区	470.14	32.83	7.27	430.04

注：“中央对地方补助总额”数据来源于《中国财政年鉴》（2007），中央对地方“两税返还”“所得税基数返还”数据来源于《地方财政统计资料》（2006）。

附表 44　　2007 年中央对地方转移支付　　单位：亿元

地区	中央对地方补助总额	两税返还	所得税基数返还	转移支付
合计	17325.13	3214.71	906.26	13204.16
北京市	248.94	113.38	46.56	89.00
天津市	203.18	79.69	26.93	96.56
河北省	779.90	129.75	30.91	619.24
山西省	516.10	76.66	12.29	427.15
内蒙古自治区	657.24	56.77	10.70	589.77
辽宁省（不含单列市）	662.86	137.69	22.47	502.70
大连市	72.07	33.16	12.11	26.80
吉林省	617.58	67.76	11.92	537.90
黑龙江省	806.79	78.79	12.26	715.74
上海市	392.74	262.93	89.82	39.99
江苏省	535.84	268.38	76.11	191.35
浙江省（不含单列市）	316.82	160.79	67.19	88.84
宁波市	71.04	38.74	23.42	8.88
安徽省	717.79	79.08	19.49	619.22
福建省（不含单列市）	249.18	69.61	24.34	155.23
厦门市	36.68	20.81	10.30	5.57
江西省	574.18	52.53	7.76	513.89
山东省（不含单列市）	612.26	141.78	54.43	416.05
青岛市	68.48	39.92	12.12	16.44
河南省	1053.33	124.49	29.09	899.75
湖北省	798.31	109.07	19.39	669.85
湖南省	851.35	112.30	16.99	722.06
广东省（不含单列市）	479.82	255.86	116.29	107.67
深圳市	108.25	54.85	46.81	6.59
广西壮族自治区	621.91	73.58	19.39	528.94
海南省	143.87	11.69	3.56	128.62
重庆市	411.08	50.87	9.68	350.53
四川省	1042.82	109.76	27.95	905.11
贵州省	565.42	53.84	8.27	503.31
云南省	689.53	163.77	11.35	514.41
西藏自治区	286.99	6.26	0.93	279.80
陕西省	634.80	66.06	9.34	559.40
甘肃省	512.30	58.74	5.41	448.15
青海省	235.13	10.45	1.09	223.59
宁夏回族自治区	199.01	10.06	2.32	186.63
新疆维吾尔自治区	551.54	34.84	7.27	509.43

注："中央对地方补助总额"数据来源于《中国财政年鉴》(2008)，中央对地方"两税返还""所得税基数返还"数据来源于《地方财政统计资料》(2007)。

附表 45　**2008 年中央对地方转移支付**　单位：亿元

地区	中央对地方补助总额	两税返还	所得税基数返还	转移支付
合计	22170.49	3371.97	910.18	17888.34
北京市	275.52	119.00	46.56	109.96
天津市	232.45	83.31	26.93	122.21
河北省	952.67	136.56	30.91	785.20
山西省	619.95	84.60	12.29	523.06
内蒙古自治区	785.15	62.02	10.70	712.43
辽宁省（不含单列市）	789.67	143.23	23.54	622.90
大连市	78.13	34.87	12.11	31.15
吉林省	756.91	73.15	11.92	671.84
黑龙江省	998.68	83.57	12.26	902.85
上海市	415.02	269.26	89.82	55.94
江苏省	642.99	282.68	76.11	284.20
浙江省（不含单列市）	380.07	168.07	67.19	144.81
宁波市	75.91	39.80	23.42	12.69
安徽省	914.70	82.80	19.49	812.41
福建省（不含单列市）	322.00	72.48	24.34	225.18
厦门市	40.45	21.95	10.30	8.20
江西省	752.02	55.51	7.76	688.75
山东省（不含单列市）	763.28	147.76	57.28	558.24
青岛市	76.61	41.75	12.12	22.74
河南省	1309.58	130.95	29.09	1149.54
湖北省	1017.85	114.34	19.39	884.12
湖南省	1084.99	116.81	16.99	951.19
广东省（不含单列市）	559.64	266.82	116.29	176.53
深圳市	116.15	57.52	46.81	11.82
广西壮族自治区	790.86	76.53	19.39	694.94
海南省	215.72	11.87	3.56	200.29
重庆市	514.31	53.67	9.68	450.96
四川省	1953.15	114.71	27.95	1810.49
贵州省	726.38	56.92	8.27	661.19
云南省	848.69	173.47	11.35	663.87
西藏自治区	357.86	8.24	0.93	348.69
陕西省	820.84	70.31	9.34	741.19
甘肃省	741.30	58.71	5.41	677.18
青海省	311.74	10.88	1.09	299.77
宁夏回族自治区	243.70	10.91	2.32	230.47
新疆维吾尔自治区	685.55	36.94	7.27	641.34

注：“中央对地方补助总额”数据来源于《中国财政年鉴》（2009），中央对地方“两税返还”“所得税基数返还”数据来源于《地方财运行》（2008）。

附表 46　　2009 年中央对地方转移支付　　单位：亿元

地区	中央对地方补助总额	两税返还	所得税基数返还	成品油价格和税费改革税收返还	转移支付
合计	28695.39	3422.62	910.18	1531.10	22831.49
北京市	367.72	124.29	46.56	46.31	150.56
天津市	281.63	81.28	26.93	23.54	149.88
河北省	1263.02	136.21	30.91	92.84	1003.06
山西省	815.33	82.22	12.29	50.79	670.03
内蒙古自治区	1023.20	63.50	10.70	44.44	904.56
辽宁省（不含单列市）	1005.44	140.65	23.54	61.71	779.54
大连市	92.57	35.91	12.11	0.00	44.55
吉林省	950.83	74.21	11.92	23.76	840.94
黑龙江省	1238.42	79.66	12.26	31.24	1115.26
上海市	493.71	280.81	89.82	41.69	81.39
江苏省	879.71	289.18	76.11	119.90	394.52
浙江省（不含单列市）	542.11	172.79	67.19	118.69	183.44
宁波市	86.13	40.13	23.42	0.00	22.58
安徽省	1189.71	86.20	19.49	51.04	1032.98
福建省（不含单列市）	462.83	73.99	24.34	44.55	319.95
厦门市	48.63	22.65	10.30	0.00	15.68
江西省	971.67	56.74	7.76	34.69	872.48
山东省（不含单列市）	1049.00	146.53	57.28	142.67	702.52
青岛市	92.60	43.49	12.12	0.00	36.99
河南省	1746.48	129.56	29.09	71.50	1516.33
湖北省	1304.20	117.95	19.39	40.15	1126.71
湖南省	1373.99	119.45	16.99	49.17	1188.38
广东省（不含单列市）	780.21	270.45	116.29	139.81	253.66
深圳市	127.76	59.69	46.81	0.00	21.26
广西壮族自治区	995.25	77.61	19.39	40.26	857.99
海南省	271.80	11.90	3.56	9.46	246.88
重庆市	669.44	55.41	9.68	22.11	582.24
四川省	2470.20	118.78	27.95	62.15	2261.32
贵州省	920.82	58.65	8.27	20.13	833.77
云南省	1147.61	177.22	11.35	43.89	915.15
西藏自治区	470.95	8.95	0.93	3.85	457.22
陕西省	1028.24	71.20	9.34	37.40	910.30
甘肃省	884.50	59.32	5.41	18.15	801.62
青海省	401.23	11.11	1.09	4.62	384.41
宁夏回族自治区	320.71	10.69	2.32	8.80	298.90
新疆维吾尔自治区	927.74	34.24	7.27	31.79	854.44

注："中央对地方补助总额"数据来源于《中国财政年鉴》(2010)，中央对地方"两税返还""所得税基数返还""成品油价格和税费改革税收返还"数据来源于《地方财政运行》(2009)。

附表 47　　1993～1994 年中央对地方转移支付推算表　　单位：亿元

地区	1993 年	1994 年	1995 年
合计	544.63	590.10	665.65
北京市	19.56	21.20	23.91
天津市	14.50	15.71	17.72
河北省	16.38	17.75	20.02
山西省	9.66	10.47	11.81
内蒙古自治区	27.87	30.19	34.06
辽宁省（不含单列市）	24.24	26.27	29.63
大连市	8.27	8.96	10.11
吉林省	17.21	18.65	21.04
黑龙江省	34.09	36.94	41.67
上海市	24.85	26.92	30.37
江苏省	21.53	23.32	26.31
浙江省（不含单列市）	7.54	8.17	9.22
宁波市	3.60	3.90	4.40
安徽省	12.44	13.48	15.21
福建省（不含单列市）	12.98	14.06	15.86
厦门市	-0.40	-0.43	-0.49
江西省	14.96	16.21	18.29
山东省（不含单列市）	17.57	19.04	21.48
青岛市	5.21	5.65	6.37
河南省	21.74	23.55	26.57
湖北省	19.26	20.87	23.54
湖南省	14.15	15.34	17.30
广东省（不含单列市）	23.18	25.11	28.33
深圳市	0.97	1.05	1.19
广西壮族自治区	14.89	16.13	18.20
海南省	6.10	6.60	7.45
重庆市	3.58	3.87	4.37
四川省	21.17	22.94	25.88
贵州省	13.25	14.36	16.20
云南省	15.98	17.31	19.53
西藏自治区	24.97	27.06	30.52
陕西省	13.68	14.82	16.72
甘肃省	11.02	11.94	13.47
青海省	10.39	11.26	12.70
宁夏回族自治区	8.50	9.21	10.39
新疆维吾尔自治区	29.70	32.18	36.30

注：1993 年转移支付总额为《中国财政年鉴》（2010）公布的 1993 年中央补助地方支出数额，1994 年转移支付总额为《中国财政年鉴》（2010）公布的 1994 年中央补助地方支出数额减去 1994 年中央对地方两税返还数额。1995 年各地区转移支付数额为《中国财政年鉴》（1996）公布的中央补助各地区数额减去《地方财政统计资料》（1995）公布的各地区两税返还数额。1993 年、1994 年各地区转移支付数额根据当年转移支付总额及 1995 年各地区转移数额占 1995 年转移支付总额的比重推算。

附表 48　**1993～2009 年中央对各地区转移支付**

单位：亿元

地区	1993 年	1994 年	1995 年	1996 年	1997 年	1998 年	1999 年	2000 年	2001 年	2002 年	2003 年	2004 年	2005 年	2006 年	2007 年	2008 年	2009 年
合计	544.63	590.1	665.65	723.69	789.26	1202.52	1871.71	2541.12	3808.32	4345.89	4632.94	6171.86	7363.19	9659.2	13204.16	17888.34	22831.49
北京市	19.56	21.2	23.91	18.11	21.39	30.33	54.03	33.39	73.03	43.3	48.84	44.03	53.28	74.17	89	109.96	150.56
天津市	14.5	15.71	17.72	13.63	15.58	17.62	22.64	33.54	43.63	38.72	42.29	44.21	60.94	78.42	96.56	122.21	149.88
河北省	16.38	17.75	20.02	24.01	23.59	33.72	66.84	96.79	151.18	189.67	213.96	275.34	332.51	460.48	619.24	785.2	1003.06
山西省	9.66	10.47	11.81	12.62	13.17	20.31	44.75	70.31	115.62	137.69	157.01	211.59	240.5	320.16	427.15	523.06	670.03
内蒙古自治区	27.87	30.19	34.06	42.64	48.55	62.91	84.61	128.78	206.33	245.51	223.21	333.6	353.5	426.98	589.77	712.43	904.56
辽宁省（不含单列市）	24.24	26.27	29.63	30.58	31.82	49.58	101.16	137.73	189.67	183.42	221.75	261.51	313.2	398.48	502.7	622.9	779.54
大连市	8.27	8.96	10.11	10.36	9.28	12.22	7.61	15.14	15.03	13.9	14.37	17.56	21.93	24.08	26.8	31.15	44.55
吉林省	17.21	18.65	21.04	28.02	38.33	47.2	89.72	114.44	155.65	181.8	226.44	276.18	343	389.02	537.9	671.84	840.94
黑龙江省	34.09	36.94	41.67	32.1	37.6	66.72	125.84	153.57	209.16	240.63	244.03	368.15	429.91	522.14	715.74	902.85	1115.26
上海市	24.85	26.92	30.37	38.1	41.33	48.16	55.43	63.54	38.86	20.13	20.01	23.45	24.74	31.03	39.99	55.94	81.39
江苏省	21.53	23.32	26.31	24.57	23.99	36.08	42.83	46.48	51.43	49.65	56.03	80.05	89.91	148.57	191.35	284.2	394.52
浙江省（不含单列市）	7.54	8.17	9.22	7.39	9.42	14.51	18.72	20.56	23.69	27.66	24.32	33.11	38.81	55.29	88.84	144.81	183.44
宁波市	3.6	3.9	4.4	4.78	6.69	5.5	4.98	5.5	4.32	3.9	3.89	10.39	5.47	7.63	8.88	12.69	22.58
安徽省	12.44	13.48	15.21	21.95	22.6	43.85	77.37	105.66	170.25	179.37	212.02	261.97	310.04	435.98	619.22	812.41	1032.98
福建省（不含单列市）	12.98	14.06	15.86	14.73	15.46	16.83	21.99	25.75	30.99	33.77	40.14	53.44	65.55	109.23	155.23	225.18	319.95
厦门市	-0.4	-0.43	-0.49	-0.27	0.49	0.69	1.49	1.6	3.96	4.67	3.17	2.9	3.57	4.31	5.57	8.2	15.68
江西省	14.96	16.21	18.29	22.78	25.6	58.13	77.67	82.28	129.49	162.24	174.99	233.78	282.51	368.47	513.89	688.75	872.48
山东省（不含单列市）	17.57	19.04	21.48	23.21	22.93	33.34	47.22	57.7	72.97	92.54	115.53	155.96	222	325.67	416.05	558.24	702.52
青岛市	5.21	5.65	6.37	5.13	5.66	4.61	4.14	7.36	5.27	7	6.31	8.52	10.74	13.49	16.44	22.74	36.99

续表

地区	1993 年	1994 年	1995 年	1996 年	1997 年	1998 年	1999 年	2000 年	2001 年	2002 年	2003 年	2004 年	2005 年	2006 年	2007 年	2008 年	2009 年
河南省	21. 74	23. 55	26. 57	27. 39	29	48. 94	88. 83	118. 05	172. 16	220. 01	264. 81	359. 07	458. 98	645. 82	899. 75	1149. 54	1516. 33
湖北省	19. 26	20. 87	23. 54	28. 84	28. 5	62. 39	88	105. 71	197. 25	197. 72	207. 6	291. 21	348. 71	515. 78	669. 85	884. 12	1126. 71
湖南省	14. 15	15. 34	17. 3	26. 71	22. 3	60. 25	87. 6	110. 31	169. 95	216. 87	225. 36	342. 41	386. 08	530. 63	722. 06	951. 19	1188. 38
广东省（不含单列市）	23. 18	25. 11	28. 33	8. 04	4. 69	13. 78	18. 74	23. 86	27. 86	34. 45	30. 86	32. 4	44. 63	69. 09	107. 67	176. 53	253. 66
深圳市	0. 97	1. 05	1. 19	-1. 38	0. 2	-0. 54	0. 11	1. 32	2. 66	2. 72	6. 83	6. 67	6	6. 78	6. 59	11. 82	21. 26
广西壮族自治区	14. 89	16. 13	18. 2	24. 41	25. 29	34. 62	49. 39	72. 34	129. 01	146. 68	160. 09	219. 02	272. 54	357. 77	528. 94	694. 94	857. 99
海南省	6. 1	6. 6	7. 45	8. 83	9. 63	11. 49	15. 68	21. 95	30. 4	39. 1	49. 9	62. 06	73. 38	90. 65	128. 62	200. 29	246. 88
重庆市	3. 58	3. 87	4. 37	10. 36	24. 43	37	56. 36	84. 87	120. 77	163. 84	144. 56	181. 64	211. 43	279. 04	350. 53	450. 96	582. 24
四川省	21. 17	22. 94	25. 88	35. 07	29. 98	47. 96	83. 58	150. 72	254. 58	308. 01	291. 99	415. 15	485. 65	638. 42	905. 11	1810. 49	2261. 32
贵州省	13. 25	14. 36	16. 2	20. 71	23. 49	34. 43	59. 25	86. 77	137. 23	164. 39	166	228. 43	276. 27	331. 86	503. 31	661. 19	833. 77
云南省	15. 98	17. 31	19. 53	20. 96	24. 74	36. 64	62. 78	101	163. 06	174. 24	199. 16	244. 97	276. 96	347. 74	514. 41	663. 87	915. 15
西藏自治区	24. 97	27. 06	30. 52	30. 18	33. 13	39. 79	55. 11	61. 25	96. 1	127. 84	129. 85	131. 82	187. 04	200. 02	279. 8	348. 69	457. 22
陕西省	13. 68	14. 82	16. 72	19. 17	22. 44	36. 89	63. 49	128. 21	170. 43	193. 09	192. 27	282. 51	320. 1	395. 35	559. 4	741. 19	910. 3
甘肃省	11. 02	11. 94	13. 47	16. 81	18. 49	32. 69	52. 71	86. 74	129. 51	143. 64	160. 08	222. 19	253. 41	325. 93	448. 15	677. 18	801. 62
青海省	10. 39	11. 26	12. 7	15. 55	18. 36	23. 7	36. 83	48. 45	85. 47	90. 19	86. 21	117. 78	142. 28	169. 49	223. 59	299. 77	384. 41
宁夏回族自治区	8. 5	9. 21	10. 39	11. 76	13. 18	20. 96	29. 49	42	65. 21	78. 7	64. 29	90. 1	111. 99	131. 19	186. 63	230. 47	298. 9
新疆维吾尔自治区	29. 7	32. 18	36. 3	45. 84	47. 93	59. 22	74. 72	97. 45	166. 14	188. 83	204. 77	248. 69	305. 63	430. 04	509. 43	641. 34	854. 44

参考文献

[1] 历年《中国统计年鉴》。

[2] 历年《中国财政鉴鉴》。

[3] 历年《中国税务年鉴》。

[4] 历年《地方财政统计资料》,《地方财政运行》(2008~2009)。

[5] 各地区统计年鉴

[6] 张健:《1994~1995 年上划中央两税收入增长情况》, 载于《地方财政》1996 年第 6 期。

[7] 钟砚:《1996 年地方上划中央两税完成情况》, 载于《地方财政》1997 年第 3 期。

[8] 张弘力等:《分税制财政管理体制的调整完善情况及进一步改革的思路》, 收录于《财税改革纵论——财税改革论文及调研报告文集》(2004), 经济科学出版社 2004 年版。

[9] 张海燕:《所得税收入分享改革效果实证分析》, 载于《地方财政研究》2007 年第 11 期。

[10] 财政部地方司编:《中国分税制财政管理体制》, 中国财政经济出版社 1998 年版。

[11] 黄肖广:《财政资金的地区分配格局及效应》, 苏州大学出版社 2001 年版。

[12] 财政部预算司:《中国政府间财政关系》, 中国财政经济出版社 2004 年版。

[13] 李萍:《中国政府间财政关系图解》, 中国财政经济出版社 2006 年版。

[14] 李萍:《财政体制简明图解》, 中国财政经济出版社 2010 年版。

后　记

我是个内心尚存英雄情结的人，对于共和国历史上的“铁腕总理”朱镕基前辈一直心存敬重。他执政期间共和国经历与发生的往事更是我经常关注的“江湖传说”。

我是中国人民大学商学院毕业的管理学博士，现在任职于北京师范大学经济与工商管理学院会计系。作为一名学者，在历经成长迷惑与拨云见日的行走中，渐渐明了会计学者的使命是为管理意义赋值。所以，2006 年那个夏天，当我以管理学博士的身份谋得北京师范大学经管学院一席教职时，做有意义的研究就成了那时的我内心最真切的渴望与自己对话自己的声音。

研究是一场无中生有的创造。这一过程中难免试错，也会经历意外变节抑或流产，也许正是经历了屡屡遗憾后才会有大家眼里的看见。一路走来，个中滋味真真“如人饮水，冷暖自知”，今天面对学术求索中的成果结晶，所有的过往可以云淡风轻。

在一名会计学者的视界，绩效评价是情有独钟。所以在读博士的那些日子里，作为当时有幸参与中国政府会计改革第一轮原驱动的自己，义无反顾地择定政府绩效评价这一研究议题，并得到至今仍在中国政府会计准则委员会中任职的我的导师荆新教授的支持。最终我的博士论文在人民大学顺利通关时，却在生命中第一次真切体会到因为各种制度与视角约束，在数据挖掘的世界里尽管心向往之，身却不至的无奈。作为对平生第一场大规模研究的交代，2006 年我与导师合作发表在《税务研究》上的论文《完善地区间税收分配制度，推动经济增长方式改变》成为我对那段研究的告别仪式。也正是这篇研究成果与当时对镕基总理作为主政者人格魅力的敬仰，让自己意定分税制，继续研究镕基总理拍板厘定政策的经济后果与社会效应，成为我内心笃定的使命。

带着这样的初心我开始了在师大的研究工作，力图用数据集成表达研究视界里的增量发现，也一并开始践行一名学者在研究途中必然会遇见的明心见性。今天摆在大家面前的这份研究成果，可视为因对共和国总理的敬仰而还原出来的共和国管理绩效的理性认定：本书依托1994～2009年分税制运行以来既有的公开数据，立足于我国中央政府与地方政府客观财务边界划定的独立经济利益主体，经由数据推算过程，系统描述与详细测算中央政府各年从各地区集中多少增量，通过转移支付方式对各地区增加多少增量，并在此基础上测算其均衡地区间财力差异的效果。

基于持续期内里基础性数据的架构与呈现，于客观立场描述与推演研究议题的逻辑路径并引领大家更多地看见更可靠的数据口径，这是我理解的学者话语体系。因此生成的基础数据本身就是另一场不同述说逻辑的故事，如果此话语中能很好地保持研究应有的数据可靠性，一定层面上就达成了研究该有的理性——一切都在数字集合表达与传承的逻辑架构里，虽静默其中却也渴求一定层面的意会灵通。

本书得到2015年度北京师范大学自主科研基金项目的资助，作为985高校的从业人员，“中央高校基本科研业务费专项资金资助”（SKZZY2015023）项目的取得虽然是同仁层面上的水到渠成，却是这场看见里的给力助缘。

至今我在北师大工作十年有余，在这里遇见无数前辈与同仁，他们用自身的学者人格影响着我，让我感悟这方水土上独特的人文精神与价值理念，也因此滋养着我的价值观并内化为灵魂的有机组成部分。也是在这里我遇见平生最好的学生，他们提供给我教学相长的机缘，让我有平台体证教师该有的大爱与担当。也是在北师大的研究道场里我遇见了这份发现，它曾经让我敝帚自珍，视为生命里的殊遇与上苍待见，直到今天有勇气拿出来，与大家一起分享我的看见。

据说十年磨一剑，这本书是否如此有待时间检验。当然，文责自负，倘有什么偏差或闪失，还是敬请各位前辈、同仁不吝赐教，欢迎各种批评指正。

张海燕

2017年1月

图书在版编目（CIP）数据

分税制政策运行的均等化效应检验／张海燕著．
—北京：经济科学出版社，2017.4
ISBN 978－7－5141－8066－4

Ⅰ．①分…　Ⅱ．①张…　Ⅲ．①分税制－研究－
中国　Ⅳ．①F812.422

中国版本图书馆CIP数据核字（2017）第096693号

责任编辑：赵　蕾
责任校对：王苗苗
技术编辑：李　鹏

分税制政策运行的均等化效应检验
张海燕　著
经济科学出版社出版、发行　新华书店经销
社址：北京市海淀区阜成路甲28号　邮编：100142
总编部电话：010－88191217　发行部电话：010－88191540
网址：www.esp.com.cn
电子邮件：esp@esp.com.cn
天猫网店：经济科学出版社旗舰店
网址：http://jjkxcbs.tmall.com
北京季蜂印刷有限公司印装
710×1000　16开　10.25印张　180000字
2017年5月第1版　2017年5月第1次印刷
ISBN 978－7－5141－8066－4　定价：28.00元
（图书出现印装问题，本社负责调换。电话：010－88191502）